CA 世界经济 中国方案

International Economic Issues The Chinese Approach

杨燕青　主编

外文出版社
FOREIGN LANGUAGES PRESS

图书在版编目（CIP）数据
世界经济中国方案 / 杨燕青主编 . — 北京 : 外文出版社 , 2017
ISBN 978-7-119-10620-5
I. ①世… II. ①杨… III. ①中国经济—研究 IV. ① F12

中国版本图书馆 CIP 数据核字 (2016) 第 300504 号

出版策划：胡开敏
出版统筹：于 瑛
项目执行：熊冰頔
特约编辑：王 韬 林纯洁 马 鑫 薛凯琳
责任编辑：熊冰頔
装帧设计：小川设计
印刷监制：冯 浩

世界经济中国方案

杨燕青 主编

出 版 人：徐 步
出版发行：外文出版社有限责任公司
地　　址：中国北京西城区百万庄大街 24 号　　邮政编码：100037
网　　址：http://www.flp.com.cn　电子邮箱：flp@cipg.org.cn
电　　话：008610-68320579（总编室）　008610-68327750（版权部）
　　　　　008610-68995852（发行部）　008610-68996064（编辑部）
印　　刷：北京飞达印刷有限责任公司
经　　销：新华书店 / 外文书店
印　　张：12.5
开　　本：787mm × 1092mm　1/16
字　　数：100 千
版　　次：2017 年 9 月 第 1 版 第 1 次印刷
书　　号：ISBN 978-7-119-10620-5
定　　价：48.00 元

目录

全球视野

治理范式

供给侧结构性改革

全球视野

CA

中国与 G20

何亚非

导言

自 2008 年全球金融危机把 G20 推上“峰会”级别的全球经济治理首要平台，八载春秋，时光荏苒。2016 年中国以二十国集团（G20）轮值主席身份主办峰会，世人瞩目。回顾 G20 八年风风雨雨，跌宕起伏，折射出世界格局和力量对比的变化，也是全球治理从“西方治理”走向“东西方共治”的历史转折期。其间，G20“摸爬滚打”，有成功的喜悦，也有挫折的沮丧，反映出中国与全球治理体系之间的关系变化以及世界政治、经济和国际关系的深层次调整。

中国作为 G20 的核心成员，一直积极深入参与 G20 事务，以中国的智慧和思想，为 G20 的发展以及全球治理体系的改革和完善做出了实质性重要贡献。以中国特色大国外交的视野对 G20 的发展历程作个历史性、全景式回顾，对我们认识世界格局变化大势、更好设计全球治理的未来结构，不无益处。

世界为什么需要 G20？ G20 为什么需要中国?

全球治理从“西方治理”转向“东西方共治”，是新世纪国际体系进入历史性转折期的主要特征，而中国综合实力迅速增强并对国际体系和世界秩序演变产生历史性影响是另一大特征。

2008 年雷曼兄弟公司轰然倒塌并进而引发全球金融危机，动摇了西方经济治理赖以支撑几十年的基石，美国和西方大国以经济新自由主义和“华盛顿共识”为基本信条的全球治理思想遭受重创。制度和体系改革总是以理论的破旧立新为先导。

在这样的背景下，代表西方全球治理体系及其理论支撑的七国集团（G7）之所以在 2009 年被 G20 取代，原因很简单：一方面是 G7 占世界经济总量的比例大幅下降，世界力量对比产生“大趋同”，即发达西方国家与发展中国家的总体实力差距大大缩小；另一方面则是西方经济治理理论的破产，席卷全球的金融危机是全球治理体系出现裂缝最有力的历史“注脚”。

我们把历史回放到 2008 年年中，各国当时在金融危机和经济危机巨浪中挣扎，担心世界金融体系行将崩溃，全球经济从此一蹶不振。于是，美国、英国、法国等西方大国与中国等发展中大国紧急磋商应对之策。西方国家意识到 G7 难以胜任应对金融危机的重任，而联合国又因成员多、协商过程冗长面对危机无法挺身而出。

那么，哪个国际机制既精干高效，又能平衡代表各方力量，且没有西方遭受重创的经济理论包袱呢？世界目光自然而然地投向G20这个1997—98年间为应对亚洲金融危机而设立的磋商机制，当时觉得G20作为部长级磋商机制级别不够，就提议将G20升格为领导人峰会。“世界需要G20”成为大国的共识。

第一次考验是2008年11月中旬在美国华盛顿举办的G20峰会。这是中国作为发展中大国在全球治理体系面临严峻考验时第一次正式“亮相”，也是美国和主要西方大国与中国、印度、巴西等发展中大国开启全球治理最高级别平等对话迈出的“万里长征第一步”。

事实上，在2008年11月中旬G20首次峰会前一个星期，中国率先宣布4万亿人民币的经济刺激方案，美国及其他西方国家随后纷纷出台经济刺激方案和措施。主要经济体以“同舟共济”精神挽救世界经济和金融体系的努力在G20华盛顿峰会上得到集中体现，有力支撑了全球市场信心，遏制了金融危机蔓延。中国就启动G20峰会机制并使其有效运转发挥了至关重要的作用，也由此成为全球经济治理中的核心角色，与中国的联合国安理会常任理事国席位相得益彰，“两个轮子”一起转，奠定了中国作为全球性大国的地位。“G20需要中国”也成为大国的共识。

G20自2009年匹兹堡峰会确立为“协调全球经济事务

的首要平台”，成为全球性大国共同治理世界经济的全新国际机制。其“新”并非指时间的新，而是有两方面实质性“新意”：

一是 G20 乃西方工业化革命数百年来首个由西方发达国家与中国等新兴大国平等磋商、共同协调全球经济治理的新国际合作机制，而此前数十年一直由 G7 把持全球经济治理的核心地位。

二是 G20 峰会机制还处在“发育期”和转型期，能否在全球经济治理方面长期发挥领导和协调作用面临许多不确定因素。随着金融危机阴影逐渐消退，G20 面临从“救火队”向长期治理“指导委员会”的身份转变。而 G20 在塑造全球经济治理新制度的同时，全球性大国和主要经济体的互动也在塑造 G20 和全球经济治理的新格局，并进而塑造新世界政治、经济秩序。

中国参与和引领全球经济治理是一个曲折过程

全球治理体系的调整与改革并非易事，塑造新的世界政治、经济秩序更要付出艰辛努力。毕竟改革全球治理体系要重新分配全球化利益，动很多国家的“奶酪”。

毋庸置疑，中国进入新世纪已经成为全球性大国，并在全球经济治理中发挥关键性作用。观察 G20 的演变过程，中国的发展轨迹清晰可见。

要深入了解 G20 与中国的关系，先要恰当地定义“全球性大国”。全球性大国起码需要具备全球性“综合实力和影响力”。综合实力指经济、军事和文化等实力，系硬性指标；影响力指在全球治理的地位和影响力，包括议题设置、决策、规则制定和话语权等，是软性指标。在全球经济治理体系中用“系统重要性经济体”来界定“全球性大国”可能更科学。国际货币基金组织认定美国、中国、英国、日本和欧元区是“具有系统稳定重要性的国家和地区”。而 G20 包含了上述所有经济体。换言之，全球经济治理需要全球性大国的共同参与，否则既无合法性，又无有效性，很难承担全球经济治理和协调宏观经济政策的重任。

2008 年全球金融危机凸显了全球经济治理的内在缺陷，即治理“赤字”和“碎片化”与经济全球化同步发展的矛盾。其根本原因在于全球治理失衡和反全球化思潮的兴起：

首先，西方在全球经济治理体系中长期保持决策机制、议题设置、规则制定和话语主导的优势，发展中国家则一直处于弱势。虽然近年新兴经济体和发展中国家集体崛起深刻改变了世界力量对比，但是“大趋同”在全球经济治理主导权上并未出现，而是严重滞后。

其次，全球化迅速发展无疑促进了世界经济大幅度增长，但是全球贫富差距无论在国家之间还是一国内部却都呈现扩大、恶化之势。而且，气候变化、能源安全、粮食安全、恐怖主义等其他全球性问题层出不穷，集中爆发，各国因为自身利益与国际社会利益的错位，使全球性难题拖而不决，甚至愈演愈烈，引发全球范围的民粹主义和反全球化思潮爆发、泛滥，各国社会阶层的分化和分裂加剧。

就全球经济治理决策机制而言，金融危机爆发前，以美国为首的西方国家占绝对优势地位，G7 统领世界经济的方方面面，其中金融、贸易投资和发展三大领域分别由国际货币基金组织（IMF）、世界贸易组织（WTO）和世界银行（WB）把持。美国在国际货币基金组织和世界银行中都占 16% 左右的份额，一票否决。世界银行行长历来由美国人担任，国际货币基金组织总裁始终非欧洲莫属。全球经济治理决策机制不对等、不平等、不合理情况长期存在。

形势比人强。2008 年金融海啸席卷全球，发达国家遭遇市场和经济的巨大困境，意识到若无中国等新兴经济体和发展中国家支持，世界金融和经济体系很可能将一蹶不振。G20 首次峰会公报明确表示，要改革国际金融机构，“以适应世界经济的变化和全球化的新挑战，新兴市场国家和发展中国家，包括贫穷国家在内，必须有更大的话语权和代表权”。

次年 G20 匹兹堡峰会进一步做出承诺：“将一部分配额向新兴市场和发展中国家转移，至少应该按照国际货币基金组织现行的配额计算公式从那些过度代表的国家向那些代表性不足的国家转移 5% 的配额。”世界银行将通过动态公式实现公平投票，提高发展中国家最少 3% 投票权。

然而，国际货币基金组织和世界银行份额改革体现的全球治理权力让渡主要发生在欧洲国家与新兴经济体之间。美国支持上述改革是建立在其一票否决权不受影响基础之上的。2010 年世界银行春季会议通过了转移投票权 3.13% 的方案，发展中国家整体投票权从 44.06% 升至 47.19%。美国投票权由 16.36% 象征性下降到 15.58%，英、法由 4.17% 下降到 3.75%，德国由 4.35% 下降到 4.00%，意大利由 2.71% 下降到 2.64%。中国投票权从 2.77% 提高到 4.42%，占让渡投票权一半，成为世界银行第三大股东。

国际货币基金组织份额改革却历经曲折。在第 14 次份额总体回顾框架下，国际货币基金组织成员国份额从 2008 年 2384 亿特别提款权（SDR）增至 4768 亿。份额比例同步调整，以更好反映 IMF 成员国在全球经济中相对权重变化。2012 年底国际货币基金组织决定将逾 6% 份额转移到发展中国家。美国份额由 17.66% 下降为 17.39%，保持否决权。中国由 3.99% 上升为 6.39%。然而，因为美国国会反对，如此小步走的方案也迟迟未能落实。

G20 峰会为落实国际货币基金改革多次呼吁，但美国国会置若罔闻，直至 2015 年底才最终通过。由此可见，G20 推动和支持的国际货币基金组织和世界银行改革并未改变美国在国际金融机构的主导权，如想彻底改革全球金融体系，难度可想而知。

全球治理初步改革的实践表明，中国作为全球影响力上升的发展中大国，是改革主要受益者。这显然将改变全球经济治理的框架结构，重新分配治理体系的决策和话语权。这种国际制度性权力的转移和让渡事关世界格局的演变和世界秩序的重塑，对于守成大国美国来说虽在意料之中，却难以轻松地接受。

可以说，全球治理体系的改革在今后相当长时间里，将体现中美两大国就世界秩序和全球治理主导权进行的博弈，其结果将影响乃至决定 21 世纪世界和平与繁荣。

全球经济治理“从量变到质变”

2015—2016 年期间全球经济治理体系大事不断。

2015 年 11 月 30 日，IMF 执董会批准人民币加入特别提款权（SDR）货币篮子。这意味着中国真正融入全球金融体系，有利于提高 SDR 货币篮子的多元化和代表性，提高其国际储备资产的吸引力，假以时日，SDR 还有可能成为真正流通的国际储备货币。

2015 年世界贸易组织成员首次承诺全面取消农产品出口补贴，并就出口融资支持、棉花、国际粮食援助等达成新的多边纪律。这对提高发展中国家农民收入意义重大。

同年底，中国成为欧洲复兴开发银行新股东。这为中欧金融合作以及双方在“一带一路”倡议框架内密切各方面合作提供新机遇和新支撑。

以中国为主要代表的发展中国家不仅集体提升了在传统国际机制中的决策权和话语性，还创立了一些新的国际机制。全球经济治理体系主要体现为多边国际组织、国际规则、各种约定俗成的做法等国际机制性安排。目前，国际机制不断增多，从传统的国际货币基金组织、世界银行、WTO，到G20、金融稳定理事会（FSB）、亚洲基础设施投资银行（AIIB）、丝路基金，到金砖国家新开发银行等新型国际机制，这其中发展中国家发挥了重要的作用。AIIB、丝路基金、新开发银行等都是由中国推动、牵头成立的新型国际金融机构，是现有金融体系的有力补充。

中国倡议成立的AIIB等新型国际机构使全球经济治理新时代初露端倪。新兴经济体和发展中国家不仅要求改革现有全球经济治理机构，同时开始探索建立新的国际金融机构，为南南合作提供具创新性的发展理念和新的资源。更为重要的是提出了新的治理理念，强调“东西方平等共治”的国际合作新原则，着手改变全球经济治理体系长期存在的不平等格局。

同时，G20峰会机制化并开始从危机应对向长效经济治理机制转型，从关注周期性政策向结构性政策转型，从呼吁、讨论向协商、协调宏观经济政策转型。这三大转型尚未完成，但G20已脱颖而出，成为发达国家和发展中国家领导人直接对话、协调世界经济金融事务的全球治理唯一的最高级平台。G20 已从主要关注金融领域扩展到贸易、发展等全球经济可持续发展的重要领域。随着中国进入“三驾马车”领导机制，G20 作为国际经济政策协调主要平台、全球经济治理主要平台地位将得到巩固。

治理机制为解决问题而生、而改变。全球金融危机以来，现有全球经济治理体系难以解决全球性难题的缺陷日益凸现。而 G20 地位提升既源于应对危机之需要，又对治理体系的调整提供了推动力和领导作用。G20 如能顺利实现三大转型，将形成强大的政策协调和执行力，增强世界经济中长期增长的潜力。

大国协调是重中之重

G20 是大国外交的缩影，协调大国和各个集团之间的关系对形成共识、做出有效决定至关重要。G20 接下来能否在促进世界经济增长和全球治理体系改革两方面取得实质性进展，很大程度上取决于 G20 内大国特别是中美之间的互动与合作。

目前，G20 内部有三个组合：一是 G7，就世界经济和金融面临的主要困难在发达国家内进行协调；二是金砖国家组织，在 G20 期间也将就重大国际议题协调立场；三是中等国家或者中等强国组成的称之为“MITKA”的集团，成员包括墨西哥、印尼、土耳其、韩国和澳大利亚。他们游离于前两者之间，希望“抱团取暖”，增加发言权。

大国合作尤其是中美协调主要将集中在：形成对未来国际秩序从“西方治理”向“东西方共治”转变的初步共识；推动全球经济治理深层次改革，使决策、话语权向更加公平、合理的方向发展；主要经济体宏观经济金融政策的磋商与协调，促进世界经济的持续增长。

近年来，以中国为代表的发展中国家集中崛起，进入全球治理核心圈，逐渐成为制造和掌握话语权的力量之一，世界政治经济格局发生重大变化，也正在塑造更加公平、合理的国际秩序。

应当说，“一带一路”倡议、AIIB、丝路基金和新开发银行的相继推出和成立，刷新了全球经济治理的版图和话语系统。美国和西方大国对中国倡议成立的 AIIB 心存担忧，担心其会冲击布雷顿森林体系建立的 IMF 和 WB 等机构，但是各大国的具体反应却有较大区别。美国出于捍卫其主导的全球治理体系考虑，一开始就极力反对，后来迫于形势变化不得不接受现实。英国、法国、德国、澳大利亚、加拿大等西方国家则态度积极，希望中国的倡议能对现有国际体系起到补充和完善的作用，希望通过自始至终地参与影响这些国际新机构的机制和资金运用。

对于“一带一路”倡议，西方的反应虽然比较复杂，总体还是持欢迎态度。中国提出“一带一路”是对全球经济治理思想和模式的创新性贡献，是倡导以建立利益共同体和命运共同体为目标的全新的国际合作思路和模式，是基于文明对话与融合的综合性、跨区域的合作，有助于各国特别是大国克服地缘政治的障碍，进行全方位、系统性合作，并带动沿线广大发展中国家的共同发展和共同富裕。

2015 年全球治理呈现快速发展局面：7 月亚的斯亚贝巴发展筹资会议、9 月联合国发展峰会凸现联合国的发展主题，12 月巴黎全球气候变化大会的成功举办，就是中美以及主要大国就应对气候变化挑战达成共识、紧密合作的“路演”。它给 G20 峰会一个重要启示，即全球性挑战需要全球性解决办法，全球性共识则是其基础，而大国特别是中美之间的共识与默契是基础之基础，必不可少。

世界见证中国在 G20 展现领导力

中国已经站在世界政治和经济舞台中央，进入全球经济治理体系的核心，中国与世界的关系发生了历史性的变化。习近平主席多次强调，推动全球治理体系更加公正、公平、合理，为中国发展和世界和平创造有利条件。中国高度重视参与和引领全球经济治理体系的建设和改革，努力提高在全球经济治理中的制度性决策权和话语权。

近年来，中国提出一系列全球治理新理念，有力推动了治理体系的改革与完善。全球治理体系变革离不开新思想和新理念引领，全球治理规则也是在吸收人类优秀文明成果基础上不断修正、制定的。无论是金融、贸易、发展，中国作为最大发展中国家和第二大经济体，发挥沟通东西、连接南北的“桥梁”和“纽带”作用，为推动全球经济治理更加公正、公平、合理做出了巨大的努力。2016年中国主持G20峰会及系列会议，世界见证了中国在全球经济治理体系中提出中国思想、中国方案，发挥领导作用。

在召开之前，世界对中国今年主办G20峰会有两大期待：一是推动G20带领世界经济走出长期低迷的困境，促进经济持续增长；二是借G20平台引领全球治理体系的改革。

G20议程设计与全球经济形势紧密相关。回顾历史，2008—2009年头三次峰会集中应对金融危机的冲击，努力推动世界经济的复苏。美国出于自身利益考虑，展现了推动全球经济治理体系改革、给予中国等发展中国家更多发言权的积极意愿。这也是G7把全球治理主导权让位于G20的重要原因。G20成员国“同舟共济”，携手采取空前规模的经济刺激计划，为稳定世界经济发挥了“定海神针”的作用。

2010—2012年四次峰会，世界经济形势发生重大变化，美国推出量化宽松政策（QE），欧债危机持续发酵，G20聚焦促进世界经济强劲、可持续和平衡增长，国际金融监管改革，推动国际金融机构的改革。

2013—2015年全球经济出现不平衡复苏，新兴经济体增长波动加剧，G20 第八至十次峰会转而关注实体经济，促进贸易和投资增长、增加就业、促进发展等迫切议题。

目前，G20 实行“三驾马车”峰会机制，即前任、现任和候任主席国合作协调议题设置，但主席国保持较大裁量权。企业、智库、社会各界积极参与 G20 活动，对 G20 峰会议题建言献策。目前已有 B20、W20、Y20 和 T20，分别代表工商企业界、妇女、青年和智库。

G20 杭州峰会最紧迫的任务是促进世界经济的稳固复苏和增长，避免金融风险累积而出现新的金融和经济危机。当前世界经济呈现“三低一高”特征，即低增长、低利率、低通胀、高债务。国际社会高度关注持续影响世界经济走向的两大因素：一是美联储货币政策（是否继续加息）；二是中国经济转型问题。前者将直接影响全球资本市场和流动性，从而对世界经济尤其是部分新兴经济体增长产生强大的负面作用，不能排除个别国家经济金融泡沫破灭导致自身危机并传导给国际金融体系引发系统性危机的可能。

中国经济作为全球生产链和价值链重要一环的事实毋庸置疑，把新兴经济体增长“断崖式下跌”和大宗商品价格近年来大幅度下跌，归咎于中国经济转型进入“新常态”引发的结果并没有事实依据。事实上，这些年世界经济增长的主要贡献来自发展中国家，其中中国就占了 30% 左右。

对于当前世界经济增长存在的问题以及解决方案，以下领域值得关注。首先是打造经济增长新引擎，G20 杭州峰会继续推动通过就业实现可持续增长。具体政策方面需要高度重视就业和增长的关系，特别是青年的就业。增长、就业、发展三者相辅相成、相互关联，其核心是增长，关键是就业，最终实现发展的目标。

其次，推进深层次全球经济治理改革。杭州峰会需要继续推进 IMF 改革，促成 SDR 发挥更大作用。同时，也聚焦两大关键问题：一是构建大宗商品价格的稳定机制，推进定价货币多元化，参照 SDR 模式把人民币等也纳入定价货币；二是努力克服全球治理碎片化局面，推动以 WTO 为基础的多边贸易投资框架谈判包括多哈回合取得实质性进展。

另外，中国作为最大的发展中国家，在全球经济治理中关注发展议题一直身体力行、义不容辞。G20 从短期危机应对机制向长期经济治理机制转型中发展问题首当其冲议。关注发展议题同时既符合广大发展中国家的利益诉求，也有利于增强 G20 的合法性。G20 杭州峰会关于发展议题聚焦推动 G20 就落实联合国 SDG 提出早期收获计划；推动 G20 就全球基础设施建设提出切实可行的政策框架和具体方案。

世界需要 G20，G20 需要中国，而中国也需要通过 G20 积极参与和引领全球治理及其体系的深层次改革。在国际体系日益多元化的大趋势下，更加平等、公正、公平、合理和民主的全球治理结构符合国际社会的共同利益。中国作为全球性大国，需要努力推动国际经济体系乃至世界秩序的改革和重塑，以共同塑造“稳定、强劲和可持续发展”的世界经济前景。

中国提出的“共商、共建和共享”的全球治理理念符合各国利益和世界发展趋势。G20 杭州峰会在新理念指导下，推动 G20 为全球治理提供更多“公共产品”。

作者：

何亚非，北京外国语学院研究生毕业，曾在日内瓦国际关系学院学习。曾任中国常驻联合国代表团参赞，外交部军控司副司长，驻美国使馆公使衔参赞、公使，外交部美大司司长，外交部部长助理，外交部副部长，中国常驻联合国日内瓦办事处和瑞士其他国际组织代表、大使，国务院侨务办公室副主任。

中国特色大国外交与“一带一路”

吴建民

导言

在 2014 年 11 月 28 日至 29 日的中央外事工作会议上，习近平主席提出：“中国必须有自己特色的大国外交。”习主席提出这个问题是十分适时的。一方面，中国经济总量在 2010 年超过日本成为全球第二大经济体，中国的发展离不开世界，世界的繁荣稳定也离不开中国，中国已经成为名副其实的大国。另一方面，中国已经接近世界舞台的中心。中国发生的事情会影响世界，世界发生的事情也会影响中国。自 1840 年鸦片战争以来，中国的国际地位和影响从来没有像今天这样重要。当今国际上许多重大问题的解决，都需要中国的参与和推动，中国当然需要有自己特色的大国外交。

中国特色的大国外交，既要继承和发扬中华人民共和国成立以来外交上的好传统，又要根据新的形势积极开拓创新。“一带一路”是中国特色大国外交中很重要的组成部分。

把握大势、顺应时代潮流

时代的主题已经从战争与革命演变为和平与发展，这是国际关系中最大的变化，是统领一切的变化。随着时代主题的变化，世界上出现了一股和平、发展、合作、共赢的时代潮流，这是时代主题从战争与革命演变为和平与发展后出现的一股新的潮流。然而，今天的世界是从旧世界演变过来的，战争与革命时代持续了很长时间。因此与和平、发展、合作、共赢潮流相对的，还存在一股冷战、对抗、冲突的潮流。

习近平主席指出：“认识世界发展大势，跟上时代潮流，是一个极为重要并且常做常新的课题。”从中国来讲，我们就要坚定不移地顺应和平、发展、合作、共赢的时代潮流，不做任何违反时代潮流的事情。

构建以合作共赢为核心的新型国际关系

习主席所提的构建新型国际关系，本质上涉及 21 世纪应当建立一个什么样的国际秩序的问题。世界在发生深刻的变化，如何建立一个适应世界变化的新的世界秩序，这是人类在不断思考、讨论的一个大问题。

过去 40 多年，关于世界秩序的第一次大讨论是在 1974 年。同年 4 月，在纽约举行了以原料和发展为主题的联合国第六届特别联大。这届特别联大，是由时任不结盟运动主席的阿尔及利亚革命委员会主席布迈丁倡议召开的。这个倡议的提出绝非偶然。1973 年 10 月爆发了第四次中东战争。10 月 17 日，阿拉伯产油国为了声援埃及和叙利亚，决定减少石油生产，并对西方发达资本主义国家实行石油禁运，以抗议西方国家在第四次中东战争中支持以色列的行为。阿拉伯产油国采取的行动，导致石油价格暴涨，在两个月内，从每桶 3.01 美元涨到了 11.65 美元。石油提价和禁运使西方国家经济出现一片混乱，引发了二战结束以来西方世界最严重的经济危机。

阿拉伯产油国的这一行动，使发展中国家看到掌握原料和初级产品的力量。布迈丁主席正是受到这一行动的启发和鼓励，倡议召开第六届特别联大。第六届特别联大，其目标十分明确，就是要建立新的国际经济秩序。中国政府对于阿尔及利亚的这一倡议十分支持，派出了以邓小平同志为首的中国政府代表团出席大会，并发表了重要讲话。

第六届特别联大的意义不可低估。这是发展中国家第一次提出要建立新的国际经济秩序，本质上是对西方在战后建立的世界经济秩序的冲击。这也是战后人类对于建立世界新秩序的第一次尝试。

全球关于世界秩序问题展开第二次大讨论，是在 20 世纪 80 年代末、90 年代初，冷战走向结束，世界格局发生大变化的时候。小平同志敏锐地认识到，这种变化必定会带来世界秩序的变化。1988 年 12 月 2 日，邓小平在会见日本贸促会访华团时又明确指出：目前是建立国际政治新秩序的时期。国际政治领域由对抗转为对话，由紧张转向缓和，出现了许多新的情况，因此应该提出一个建立国际政治新秩序的理论。他指出，在新的国际形势下，超级大国应该用和平共处五项原则来代替霸权政治。1988 年 12 月 21 日，邓小平在会见印度总理拉吉夫·甘地时明确指出：“世界上现在有两件事情要做，一个是建立国际政治新秩序，一个是建立国际经济新秩序。关于国际经济新秩序，早在 1974 年我在联合国发言时，就用了很长时间讲这个问题。这个问题我们一直在提，今后也还要提。至于国际政治新秩序，我认为中印两国共同倡导的和平共处五项原则是最经得住考验的。”

1989 年 11 月 9 日，柏林墙倒塌，德国走向统一，东欧发生剧变，苏联走向解体。以美国为首的西方世界，见此形势踌躇满志。1990 年 9 月 11 日，美国总统老布什在国会参众两院的联席会议上，提出了建立世界新秩序的目标。1991 年，老布什又在《国情咨文》中明确提出了要由美国来领导建立世界新秩序。

1992 年 1 月 31 日，安理会应英国的倡议，在纽约举行了首脑会议，讨论如何巩固和加强联合国在处理国际事务中的地位及作用。我时任外交部新闻司长兼发言人，随同李鹏总理出席了安理会的这次首脑会议。在现场的感觉是，英国倡议召开这次首脑会议实际上是要配合老布什提出的建立世界新秩序的主张。李鹏总理在会上发言，代表中国政府阐述了中国关于建立国际政治经济新秩序的立场。

冷战结束后，美国和西方的精英阶层欣喜若狂，认为苏联解体表明西方是冷战的胜利者，“历史终结了”，他们可以把自己的那一套推向全球，建立新的世界秩序。然而，世界的多样性是客观存在，要把全世界都改造成美国那个样子是不可能的。冷战结束以来，世界的变化没有按照西方所希望的方向，而是沿着自身发展的轨迹前进。一批发展中国家在迅速崛起，国际力量对比发生重要变化，国际关系的重心正在从大西洋向太平洋转移。

关于世界秩序的第三次大讨论，大概是在进入新世纪，2008 年爆发的金融危机之后。金融危机重创了发达国家的经济。与此同时，一批发展中国家在崛起。2013 年按照购买力平价计算的发展中国家 GDP 总量，已经超过了发达国家，标志着国际力量对比正在发生根本性的变化。在这个背景下，国际上关于建立什么样的新秩序的问题，讨论得越来越多。

2011 年 9 月，中国政府发表了《中国的和平发展》白皮书，强调：“中国把中国人民的利益同世界各国人民的共同利益结合起来，扩大同各方利益的汇合点，同各国各地区建立并发展不同领域不同层次的利益共同体，推动实现全人类共同利益，共享人类文明进步成果。”

2011 年 10 月，国家创新与发展战略研究会代表团在会长郑必坚的带领下访问了美国，会见了基辛格博士和布热津斯基博士。郑必坚会长从共赢的思想出发，在展望未来十年美中关系时，提出双方要扩大利益汇合点，构建利益共同体，他们二位都予以积极响应。

基辛格博士说：“我是搞了一辈子‘均势’的人，现在看来，在 21 世纪的世界搞均势是不行了。还是您提出的办法好，扩大利益汇合点，构建利益共同体。”基辛格博士的这番话是经过长期思考、深思熟虑才说出来的。多少年来，人们认为大国之间的力量实现了某种平衡，和平才有保证。当年美苏之间的军备竞赛，理论根据就是均势。但在 21 世纪，均势的理论很难行得通了。

布热津斯基博士说：“我读了郑必坚先生撰写的有关扩大利益汇合点，构建利益共同体的论述，很有感触。回顾过去一百年，1914 年第一次世界大战爆发前和 1939 年第二次世界大战爆发前，如果时任大国领导人的主导思想不是他们当时的思想，而是你们今天倡导的思想，我想世界的历史就要改写了。”

基辛格与布热津斯基是美国公认的两大战略家。他们二位不约而同地认同共赢的思想，很有代表性。

2014 年 10 月中旬，亚洲协会在美国召开了一场题为《亚洲的崛起和我们共同的未来》研讨会，全国人大外事委员会主任委员傅莹和我应邀出席了会议。10 月 13 日，会议开幕的前一天中午，基辛格请傅莹和我午餐。在谈及为什么要写《世界秩序》一书时，他说：“本来我不想再写书了，但是有一天人们问我，关于国际形势我最担心的是什么事？我想了想，我最担心的是世界秩序。新的世界秩序不建立起来，世界不会稳定，我从我的担心出发，撰写了这本书。”基辛格强调说：“美国和中国是世界秩序两大不可或缺的支柱。美中两国要坐下来谈如何构建 21 世纪世界秩序。”基辛格还突出了中美共建太平洋共同体的主张，他说：“中国怕美国对中国进行遏制；美国怕中国把美国挤出亚洲，双方这种相互的担心很难消除，我看最好的办法是中美共同建立太平洋共同体。让中美各自的利益进一步交融，相互依存，相互之间的担心就会逐渐消除。”在 10 月 14 日的研讨会上，基辛格亲自出席，介绍了他新书的观点。

习近平主席提出以合作共赢为核心构建新型国际关系，话不长，却抓住了问题的关键。习近平主席十分重视共赢。中国共产党关于时代潮流的表述，有一个演变的过程。邓小平时代“和平与发展”是我们时代的潮流；胡锦涛主席对时代潮流加了两个字“合作”，即“和平、发展、合作”是我们时代的潮流；习近平主席关于时代潮流又加了两个字“共赢”。我认为这两个字加得是很到位的。

共赢是国际关系中的新事物，而过去几千年，零和思维居主导地位。零和思维就是我胜你败，我赢你输，我得你失。共赢思想的出现与时代主题变化密切相关。在战争与革命的时代不可能共赢，战场上是你死我活，没有共赢；

革命是一个阶级推翻另外一个阶级的暴力行动，也没有共赢。只有时代主题变化了，和平与发展成为时代的主题才可能共赢。

习近平主席提出的以合作共赢为核心构建新型国际关系，是相对于旧的国际关系而言的。什么是旧的国际关系？那是大国主宰一切的国际关系，是霸权主义、强权政治、丛林法则盛行的国际关系。大国可以欺负小国，强国可以损害弱国，富国可以掠夺穷国。以合作共赢为核心，构建新型国际关系，就意味着用合作共赢取代霸权主义、强权政治和丛林法则。在新型的国际关系里，大国、小国、强国、弱国、富国、穷国一律平等。因此，新型的国际关系是更加民主的国际关系，是更加公正稳定的国际关系，也是能保证世界持久和平、共同繁荣的国际关系。

“一带一路”的战略倡议

2013 年 9 月 7 日，习近平主席访问哈萨克斯坦期间，在纳扎尔巴耶夫大学发表讲话，提出了构建“新丝绸之路经济带”的倡议。同年 10 月 3 日，习主席又在印度尼西亚国会提出了共同建设“21 世纪海上丝绸之路”的倡议。这两个倡议被概括为“一带一路”开放包容的经济合作倡议。这是在中国外交史上，中国领导人第一次提出涉及六七十个国家、四五十亿人口、影响深远的倡议。实现这个倡议需要好几代人坚持不懈的努力。这个倡议提出后引起了国内、国际舆论的广泛关注。

“一带一路”倡议的提出是中国方面经过深思熟虑的，考虑到时代主题的变化、全球局势、欧亚大陆的现实、中国的需要和应尽的职责。

1. 契合时代主题

在以战争与革命为主题的时代，游戏规则是零和博弈。今天则不然，游戏规则是正和博弈、合作共赢，这是时代主题变化所带来的结果。我们千万不能轻视游戏规则的变化。在零和博弈的时代，我们都记得西方大国在崛起的时候，到全世界去殖民扩张，掠夺当地的资源，这在当时似乎是天经地义的。今天还行吗？今天行不通了。中国三十多年的大发展，就是遵循了合作共赢的游戏规则。我们没有把中国经济增长只留给自己，只留给自己也发展不起来，而是与世界各国的合作伙伴分享，才迎来了中国经济的大发展。中国已经超越美国成为全球多数国家和地区最大贸易伙伴。

2. 顺应全球局势

放眼全球，国际形势林林总总，让人眼花缭乱。但是仔细看，可以看到今天世界上呈现出三个中心：

第一个中心是全球动荡、局部战争和冲突的中心，在中东和北非。全球的各种矛盾在这里集中反映：大国在这里角逐，地区大国在这里争夺。已经历时 60 多年的阿拉伯国家与以色列的冲突在这里延续；叙利亚的内战也已经持续了 5 年多，上千万人沦为难民；也门的内战如火如荼；利比亚各派力量在那里厮杀，基地组织和伊斯兰国在那里扩展自己的势力。中东和北非成为全球动荡的中心，全世界关注。特别令人忧虑的是，中东、北非这种局势的动荡、冲突、局部战争眼下还看不到尽头。中东和北非人民正在经历一场大劫难。

第二个中心是危机叠加的中心，在欧洲。欧洲现在面临三重危机叠加的局面：一是东面的乌克兰危机；二是南面的中东、北非地区危机，造成恐怖袭击频发，难民潮一浪接一浪，涌向欧洲；三是欧洲内部的危机。

三重危机叠加，这可能是战后欧洲历史上第一次。这三重危机解决起来难度都很大，东面乌克兰危机有冷战的阴影；南面的危机某种程度上是文明冲突的反映；欧洲内部的危机既有内部体制上的因素，又有外部因素影响。2008 年一场突如其来、破坏力极大的金融危机首先在美国爆发，美国成为金融危机的中心。但是后来，随着欧洲主权债务危机的恶化，全球金融危机的中心逐渐转移到欧洲。金融危机既暴露了欧元诞生过程中先天不足的毛病，又彰显了欧洲代议制民主体制上的问题。再加上外部危机带来的冲击，诸如难民潮、恐怖主义袭击，又引发欧洲内部的各种政党正在展开一场大辩论，各种政治势力正在进行重新组合。三重危机叠加，使欧洲陷入了困境，欧洲人焦头烂额。这种状况很难在短期内结束。

第三个中心即全球经济增长的中心，在亚洲，特别是东亚。过去几十年，东亚经济增长始终是走在全球经济增长的前列。东亚的增长大约为全球平均增长速的两倍以上。特别是中国，过去 30 多年年增长率一直接近 10%。

把这三个中心联系起来看，我们会得出以下三条结论：

首先，在全球化的今天，有了中东、北非这个全球动荡、局部战争、冲突频发的中心，已经让国际社会忙得苦不堪言。国际社会为之消耗了大量的外交资源，而且还不得不继续这样做。

其二，欧洲历来是全球一个举足轻重的地区。今天欧洲成为全球危机叠加的中心，这一方面让全世界神经都很紧张，另一方面本来对国际问题非常热心也非常活跃的欧洲领导人不得不把更多精力投向欧洲内部，应对危机。

其三，东亚所面临的战略机遇期依然存在。这是因为：

（1）几十年来，东亚成为全球经济增长的中心，使东亚各国充分受益，经济增长，人民生活改善。东亚各国十分珍视自己作为全球经济增长中心的地位，而不会采取任何行动去破坏它。这就是为什么东亚地区尽管存在着领土争端和某种程度的紧张，但有关国家仍旧主张和平解决争端。

（2）东亚经济的增长不仅是东亚所需要的，而且是全世界所需要的。2015 年在全球经济放缓、增长乏力的大背景下，东亚对全球经济增长的贡献高达 44%。因此，世界各国、各国家集团都期望作为全球经济增长中心的东亚能保持经济的持续稳定增长。

3. 符合世界经济现实

2008 年全球金融危机后，世界经济增速放缓，根本原因是有效需求不足。对发达国家而言，科技创新尚未出现大的突破，形成新的可持续的增长点。对许多发展中国家而言，基础设施不足，制约了经济的增长。然而 2008 年金融危机后长期的低利率形成了巨大的投资潜力。但这些潜力没有能同好的项目结合起来，形成经济增长的实际动力。

为什么 2008 年金融危机后，长期的低利率所形成的巨大投资潜力不往亚洲基础设施领域去呢？因为西方的大银行有一条不成文的规则，就是一般不对基础设施投资，因为基础设施周期长、回报率低。这是西方国家根据他们自身的经验得出这样的结论。然而中国过去几十年大发展的经验就不是这样。

中国的高速公路和高速铁路就是最有说服力的例子。

1988 年之前中国高速公路的里程为零，现在已达到 12.3 万公里，排在世界第一。高速公路网的建成极大地方便了物流，有力地推动了中国经济的增长。1988 年中国

GDP 为 3095 亿美元，2015 年上升到 10.3 万亿美元。

2008 年中国开通运营了第一条高速铁路即京津城际，截至 2015 年底，运营里程达 1.9 万公里，居世界第一。高速铁路大大方便了人员的交流，促进了经济的增长。

我出席了 2015 年 11 月 1 日至 3 日在北京举行的第二届读懂中国国际会议，会见了美国前任财政部长萨默斯。萨默斯是在国际经济领域中最早指出“需求不足”的人士。我肯定他发现了这个全球经济面临的大问题。如果可以将更多资本引入到发展中国家，刺激消费，拉动需求，将会对世界经济产生正面效果。亚洲开发银行的数据证实了这个观点。2010 年到 2020 年东亚地区基础设施的投资需求高达 8 万亿美元，然而到位的资金少得可怜，简直是杯水车薪。

我还对萨默斯先生说，中国提出的“一带一路”、亚投行、丝路基金等倡议，就是针对全球需求不足提出的。如果这些倡议能够得以实施，那不仅中国会受益，全世界都会受益。

今天的欧亚大陆，东亚经济增长迅速，南亚正在跟上，中亚有些滞后，西亚情况比较复杂；欧洲是世界上最发达的地区之一，但目前经济增长乏力。但是欧洲和亚洲，东亚、南亚、中亚、西亚之间经济上有很强的互补性。“一带一路”倡议的目的，就是要通过合作把欧亚大陆的经济增长潜力挖掘出来。

4.“中国制造”的公共产品

中国经过30多年的大发展，经济进入一个新的阶段：增长速度放缓，产业结构需要调整，发展模式需要转型。30多年的大发展告诉我们，中国要解决自身的问题，关起门来是不行的。唯有坚持改革开放，与世界合作，才能找到妥善解决的办法。

“一带一路”的倡议也适应了国际社会对中国的期望。随着中国接近世界舞台的中心，国际社会期待中国提供更多的公共产品。“一带一路”就是中国向国际社会提供的公共产品，也是中国向国际社会履行自己的职责。“一带一路”的根本目标是为了实现欧亚大陆的持久和平和共同繁荣。随着“一带一路”这个宏伟的倡议逐步地实施，东亚、南亚、中亚的合作会进一步加强，欧亚之间的经济关系会进一步深化。必定会对美国、欧洲、非洲、拉丁美洲的经济增长均有很强劲的推动作用。习近平主席倡导以合作共赢为核心构建新型国际关系，“一带一路”的倡议就是中国为构建新型国际关系的具体行动。

5. 企业是实现主体

实现“一带一路”倡议的主体是各国的企业。从中国来说，企业包括国企和民企。从发展趋势看，可能民企会占了很大部分。

为什么说企业是主体呢？因为“一带一路”是要靠一个一个项目来实现的。谁去做项目？当然是企业。当他们走向世界的时候，是他们去抓住机遇。

“一带一路”上各国的情况不同，都有各自的特点，而且相当一部分国家政局不稳，企业在开展合作的时候对于合作的可行性必须进行全面的研究和评估。这个地方政府很难做到，要投入大量的精力和资源，企业有这个积极性，因为企业走向海外，他们面对更广阔的天地。如果成功的话，会迎来大发展；如果失败了，企业有可能垮台。大发展与灭亡的可能性同时存在，就使企业不敢掉以轻心。各国政府只能管国内，管不了国外。

中国企业正处在走出去大潮的前夜，中国经过近四十年的大发展，在世界各地已经建立了 3 万家公司，海外资产存量高达 6.4 万亿美元。我相信过若干年再回头一看，这仅仅是开始。21 世纪是中华民族走向世界的世纪，也是外国人大批来到中国的世纪，中国正处在这股大潮的开始阶段。

6. 必须高举合作共赢的旗帜

“一带一路”的倡议目标宏伟、内涵丰富、时间跨度长，要实现起来绝非易事，绝不会是一帆风顺的。习主席提出要共商、共建、共享。习主席一连用三个“共”字是很有道理的，这就是说中国一家办不了，必须同人家商量办才能办成。中国有自己的利益，有自己的需要，“一带一路”上的国家也有自己的利益，自己的需要。共商就是要找到双方利益的汇合点，在利益汇合点的基础上开展合作，共同构建利益共同体。使双方的利益得到发展，双方的需要得到满足，只有这样才能谈上共享。

实施“一带一路”必须高举合作共赢的旗帜，一切背离合作共赢的思想和观念都要摒弃。习主席倡导的共商、共建、共享是有生命力的。

实现“一带一路”的倡议必须按规则办事。这个规则必须是国际公认的规则，不是一家定的规则，也不是潜规则。我们在实现“一带一路”的过程中，必须坚决按照大家都接受的国际规则办。有些不符合国际规则的东西、各种各样的潜规则必须坚决摒弃。

“一带一路”的倡议是开放的、包容的，不仅是中国和“一带一路”上的国家参加，还欢迎世界各国、世界银行、国际货币基金组织、亚洲开发银行等国际组织参加。发达国家、国际组织有很多成功的经验，也有失败的教训。我们在推进“一带一路”建设的过程中，一定要认真吸取他们的成功经验，避免过去所犯的错误。

“一带一路”是一个崭新的事物，中国过去没有做过，在做的过程中出现缺点和错误势必难免。要允许试错，关键是要认真听取各方的意见，有错就改，及时纠正。

实现“一带一路”关键是人才。中国在近四十年的改革开放过程中培养了不少对外合作的人才。然而，考虑到“一带一路”的规模是如此之大，时间跨度是如此之长，需要好几代人才能建成，人才太重要了。在实现“一带一路”过程中，中国不仅要把自己的人才用起来，包括今天在跨国公司里工作的有成就、有经验、有能力的人才，而且要把国际上的人才用起来。全球化使得资本、商品、技术和人才在全球流动。“一带一路”是造福全人类的事业，当然需要把全球的优秀人才吸引过来才能做好。

总之，中国特色的大国外交是中国外交一个崭新的课题。要把这篇文章做好，需要中国好几代人的努力。中国特色的大国外交，不仅考虑到中华民族的根本利益，而且考虑到世界人民的根本利益。它的立意是很高的，是从人类的共同利益出发的。“一带一路”是中国特色大国外交中很重要的组成部分。“一带一路”这个倡议得到切实的履行，真正造福于“一带一路”上的各国，并延伸到世界其他地方，让全世界看到中国所追求的不是单赢，而是合作共赢。中国所追求的不仅是中国的繁荣富强，而且希望能够促进世界的持久和平和共同繁荣，让 21 世纪的世界更加美好。

作者：

吴建民，曾任中国外交部外交政策咨询委员会委员，全国政协外事委员会副主任，中国驻法国大使，外交学院院长，国际展览局主席。

治理范式

全球气候治理的中国行动

何建坤

王韬

滕飞

导言

2016年4月22日，《巴黎气候协定》于纽约联合国总部顺利签署，意味着全球气候治理又往前迈进了坚实一步。作为温室气体排放大国，中国继2015年底在巴黎气候大会上积极沟通并成功达成《巴黎气候协定》共识文本后，在率先签署该协定上同样贡献了巨大的力量。中美两国元首于2016年3月31日在华盛顿共同发布《中美元首气候变化联合声明》，承诺签署《巴黎协定》并采取各自国内步骤以便今年尽早参加《巴黎协定》，同时督促其他缔约方采取同样行动，体现了中国在应对气候变化领域的大国担当。同年4月22日中国特使副总理张高丽在签署仪式上发言表示，中国将在二十国集团杭州峰会前完成参加协定的国内法律程序，且已向其他G20成员发出倡议，推动协定获得普遍接受和早日生效。

积极应对气候变化

1. 应对气候变化的中国需求

气候变化已从单纯的环境保护问题上升为人类生存与发展问题。而对于中国而言，还有更加重要和紧迫的现实意义。改变中国以煤为主的能源结构和高污染高能耗的产业结构，是中国国内治理环境和应对全球气候变化的迫切要求。同时，积极应对气候变化也是中国广泛参与全球治理、构建人类命运共同体的国际责任与担当，更是实现可持续发展的内在要求。《巴黎协定》签署仪式开始以后，各国正紧锣密鼓地推动立法机构批准，向低碳和绿色发展的转型正成为世界潮流。中国作为世界最大的新兴发展中大国，需要积极推动经济与能源的转型，以引领世界共同转向更加可持续的发展。这对于提升未来中国经济的发展潜力，提高发展质量也意义重大。中国目前正处在“第十三个五年规划”的开局。“十三五”作为中国经济从高速发展转向“新常态”、创新型经济发展承前启后的重要阶段，需要抓住重要的改革窗口期，实现发展从量的积累到质的飞越。“十三五”规划纲要中第四十六章为《积极应对全球气候变化》，体现了中国将应对气候变化提升到国家发展的战略高度，并将为此付出的巨大的国内努力。

2. 应对气候变化的国家战略

长期以来，中国高度重视气候变化问题，把积极应对气候变化作为国家经济社会发展的重大战略，把绿色低碳发展作为生态文明建设的重要内容，采取了一系列行动，为应对全球气候变化做出了重要贡献。2009 年中国向国际社会宣布：到 2020 年单位国内生产总值二氧化碳排放比 2005 年下降 40% ～ 45%，非化石能源占一次能源消费比重达到 15% 左右，森林面积比 2005 年增加 4000 万公顷，森林蓄积量比 2005 年增加 13 亿立方米。积极实施《中国应对气候变化国家方案》、《“十二五”控制温室气体排放工作方案》、《2014—2015 年节能减排低碳发展行动方案》和《国家应对气候变化规划（2014—2020 年）》。加快推进产业结构和能源结构调整，大力开展节能减碳和生态建设，在 7 个省（市）开展碳排放权交易试点，在 42 各省（市）开展 42 个低碳城市建设试点，探索符合中国国情的低碳发展新模式。中国还将继续主动适应气候变化，在农业、林业、水资源等重点领域和城市、沿海、生态脆弱地区形成有效抵御气候变化风险的机制和提高抵抗能力。

在巴黎气候大会前夕，中国又有雄心地提出 2020 年后“国家自主决定贡献（INDC）目标和行动计划”，包括二氧化碳排放量到 2030 年左右达到峰值并争取早日达峰；到 2030 年单位 GDP 的 CO_2 排放比 2005 年下降 60% ～ 65%、非化石能源比重达 20% 左右、森林蓄积量比 2005 年增加 45 亿立方米。中国提出的自主贡献目标，是统筹国内能源、环境、经济协调发展与应对气候变化的战略选择，也是一个需付出巨大努力才能实现的目标，体现了中国积极应对气候变化、促进经济低碳转型的决心。

3. 更加积极自信的气候外交

自十八大后，中国在气候变化的国际舞台上以更加积极开放的姿态开始与其他发达国家合作，同时也在气候外交上显示出了更加灵活务实的风格，不再把气候变化单纯视为发达国家与发展中国家发展权利的斗争，而是更多从全球视角出发，寻求中国在国际舞台上的应对以及引领全球气候变化问题所应该发挥的角色。

自从哥本哈根会议后，中国更加重视与发展中国家的气候变化立场协调，努力加强“基础四国”和“立场相近发展中国家”沟通协调，促进发展中国家团结和维护共同利益。同时也积极与美国、欧盟、澳大利亚、新西兰、英国、德国等发达国家开展部长级和工作层的气候变化对话磋商，推动专家层面的沟通交流。2014 和 2015 年，中国两次与美国共同发布气候变化联合声明；巴黎气候大会前与欧盟和法国发布气候变化联合声明，这些都为《巴黎协定》的最后签署率奠定了基础，凝聚了共识。

更加值得一提的是，中国作为发展中国家大力推进应对气候变化南南合作，体现新兴发展中大国的国际担当。中国主动从 2015 年开始加大对发展中国家应对气候变化的资金支持，并出资 200 亿元人民币建立气候变化南南合作基金。在绿色气候基金之外，通过资金支持、技术合作、赠送低碳节能产品、组织气候变化培训班等多种形式，加强对发展中国家的援助。同时中国也以更加开放包容的心态，积极开展与国际组织和民间非政府组织在气候变化领域的务实合作，更加重视与国际国内媒体的沟通，更有效地向世界展示了中国应对气候变化的努力。

应对气候变化的国内行动

2015 年底巴黎气候大会通过《巴黎协定》，确立了 2020 年后全球应对气候变化的新机制，提出了到 21 世纪下半叶实现碳净零排放的全球长期减排目标。这将促进世界范围内能源体系革命性变革和经济发展方式的低碳化转型，从而将进一步重塑世界经济贸易技术竞争新格局。中国国内刚刚颁布的“十三五”规划纲要也强调绿色发展、循环发展、低碳发展理念，促进经济社会发展与资源环境的协调和可持续发展。

1. 经济增长和碳减排的双赢统筹

中国当前经济社会发展面临日趋强化的资源环境制约。煤炭、石油等化石能源消费的持续增长不仅使石油天然气进口依存度持续增加，能源安全面临新的挑战，而且消费过程中所产生的二氧化碳、氮氧化物、烟尘等常规污染物排放已严重超出环境的承载能力和自净化能力，造成资源紧缺、环境污染、生态恶化的严峻形势，也是形成雾霾天气的主要原因。因此推动能源生产和消费革命，节约能源，改善能源结构，既是应对气候变化减排 CO_2 的重要对策，也是国内节约资源、保护环境的内在需求，两者具有显著的协同效应，是保护地球生态安全和改善国内环境相协调统一的战略选择，从而构建和形成人与自然和谐发展的现代化建设格局。

在保障经济持续增长同时，控制和减缓二氧化碳排放，核心是提高单位能耗和单位 CO_2 排放的经济产出效益，即大幅度降低单位 GDP 的能源强度和 CO_2 强度，在保持经济持续较快增长的同时，有效控制和减缓二氧化碳排放。“十一五”期间，中国制定单位 GDP 能耗下降 20% 左右的约束性指标，实际实现下降 19.1%；再加上能源结构的改善，使单位 GDP 的 CO_2 强度下降达 21.4%，节能降碳取得显著成效，扭转了“十五”期间单位 GDP 能耗强度和 CO_2 强度上升的趋势。但由于“十一五”期间 GDP 平均增速高达 11.26%，尽管能源消费弹性由“十五”期间大于 1.0 下降为 0.59，但一次能源消费量仍增长 38.0%，CO_2 排放量增长 34.0%。

“十二五”期间，中国在继续强化节能目标的同时，也提出应对气候变化、减缓 CO_2 排放的目标和措施，制定了单位 GDP 能源强度下降 16%、CO_2 强度下降 17% 的目标。“十二五”期间经过艰苦努力，上述目标已分别实现下降 18.2% 和 21.4% 的显著成果。“十二五”期间 GDP 增速平均为 7.81%，能源消费的年增长率下降到 3.56%，CO_2 排放年增长率下降到 2.71%。特别是近两年以来，能源消费和 CO_2 排放增速显著放缓，能源消费年增长率 2014 年仅为 2.1%，2015 年仅为 0.9%；而 CO_2 排放 2015 年基本上与 2014 年持平。这对近两年来全球 CO_2 排放量出现稳定趋势做出了重要贡献。

图 1 “十一五”与“十二五”期间
中国节能降碳效果

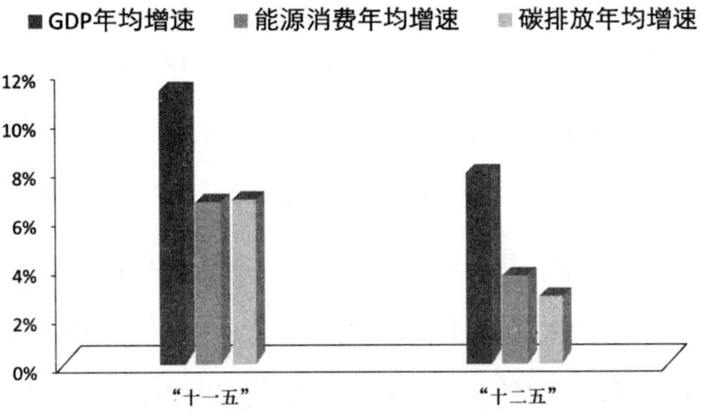

从 2005—2015 年，单位 GDP 能源强度已下降 33.8%，非化石能源的比重也从 7.4% 提升到 12%，煤炭比重由 72.4% 下降到 64.4%。因此，使千克煤当量（kgce）能耗的

CO_2强度由2.29 kgCO_2/kgce下降到2.13 kgCO_2/kgce，下降了7.0%。据此测算，2005—2015年，单位GDP的CO_2强度已下降38.3%。从全球来看，2005—2014年，单位GDP的CO_2强度世界平均水平只下降2%，公约附件I发达国家也只下降约15%。中国在降低GDP能源强度和CO_2强度方面所做出的努力和取得的成效得到国际社会广泛认可和赞誉。

《“十三五”规划纲要》和李克强总理《2016年政府工作报告》中，进一步加强了应对气候变化、节能降碳的目标和措施，“十三五”期间单位GDP能源强度和CO_2强度预期分别下降15%和18%。实现这一目标后，到2020年单位GDP的CO_2排放将比2005年下降约50%，超额完成哥本哈根气候大会上承诺40%～45%的下降目标。更重要的是，“十三五”提出到2020年能源消费量控制在50亿吨标准煤以内的总量控制目标。在确立提升非化石能源比重目标的同时，控制能源消费总量，也就控制了CO_2排放总量，而且在“十三五”单项规划中还将提出控制CO_2排放总量的目标和措施。这体现了中国日益强化实施应对气候变化战略，由“十一五”控制能源强度，到“十二五”同时控制能源强度和CO_2强度，再到“十三五”实行“强度”和“总量”的双控机制。

图 2 中国能源结构转型（2005—2020）

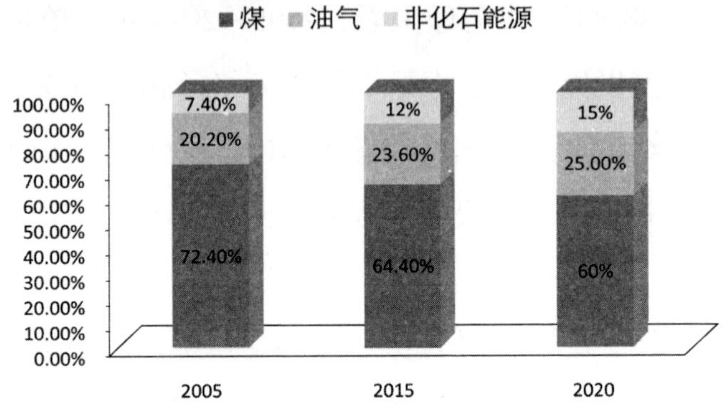

《"十三五"规划纲要》中再次强调全面实现小康社会的奋斗目标，GDP 年均增速预期为 6.5% ～ 7.0%，在 2020 年控制能源总需求不高于 50 亿吨标煤当量（tce）、非化石能源比例达 15% 情况下，单位 GDP 的 CO_2 强度将比 2015 年下降 21.0% ～ 22.6%，超过 18% 的预期。CO_2 排放量的年增速，也将由"十一五"期间的 6%、"十二五"期间的 2.7% 进一步下降到"十三五"期间的约 1.6%，将有效控制 CO_2 排放增长。

2. 节能降碳和 CO_2 排放峰值的目标设定

在巴黎气候大会前夕，中国公布了 2020 年后应对气候变化国家自主决定贡献（INDC）目标和行动计划：到 2030 年单位 GDP 的 CO_2 强度比 2005 年下降 60% ～ 65%，非化石能源在一次能源消费中的比重达 20% 左右，特别是提出

了 CO_2 排放到 2030 年左右达到峰值。这些有雄心有力度的减排目标，体现了中国对全球事务负责任的大国担当，对推进巴黎气候大会成功发挥了积极的促进作用。

中国到 2030 年左右实现 CO_2 排放达到峰值，这将是中国经济发展方式低碳转型的又一个新的转折点和里程碑。中国到 2030 年左右 CO_2 排放达到峰值，在经济发展水平上要早于发达国家达峰时的发展阶段。欧盟国家 CO_2 排放达峰大体在 20 世纪 80 年代，美国和日本则出现在 2005 年左右。发达国家 CO_2 排放达峰时共同特点都是出现在后工业化发展阶段，大规模基础设施建设已经完成，经济呈内涵式增长，GDP 增速较低，一般不高于 3%，通过节能和能源结构替代，单位 GDP 的 CO_2 强度年下降率可接近 3% 水平，高于 GDP 年增长率，GDP 增长所引起的能源消费和 CO_2 排放的增长，由降低 GDP 能源强度和 CO_2 强度所抵消，从而使能源消费量基本趋于稳定，而 CO_2 排放量则可达峰值并呈下降趋势。

中国到 2030 年左右将基本完成工业化和城镇化快速发展阶段，经济发展也将由当前的要素驱动型转向创新驱动型，由粗放扩张的方式转为内涵提高的发展路径。发展动力转型和方式转变，将加速产业升级转型，有利于降低 GDP 的能源强度，再加上新能源和可再生能源技术创新和产业化快速发展，可实现比发达国家达峰时更高的 GDP 的 CO_2 强度的年下降率。中国在“十二五”和“十三五”期间，GDP 的 CO_2 强度年下降率均可达 4% 以上，到 2030 年左右可进一步提高到 4.5% ～ 5.0% 甚至更高的水平。中国“十三五”期间经济新常态下 GDP 增速将由“十二五”期间的 7.8% 回落到 6.5% ～ 7.0% 左右。到 2030 年左右中国已进入高收入国家水平，GDP 潜在增速大体也将进一步回落到 4.5% ～ 5.0% 水平，届时单位 GDP 的 CO_2 强度年下降率可在支撑 GDP 潜在增速下使 CO_2 排放达峰。因此，到 2030 年左右中国实现 CO_2 排放达峰，与实现经济持续健康增长的目标可协调一致，达到双赢效果。

由于 2030 年左右中国 GDP 增速仍将高于发达国家 CO_2 排放达峰时的水平，尽管保持较高的 GDP 能源强度和 CO_2 强度年下降速度，能源消费量仍将在一段时期内持续有所增长。但新增加的能源供应将由发展新能源和可再生能源满足，而化石能源消费总体上不再增长，CO_2 排放才能达到峰值。届时中国非化石能源的供应量可达约 12 亿 tce，相当于日本全部能源消费量的 2 倍。从目前到 2030 年需新建非化石能源发电装机约 10 亿千瓦，相当于美国当前全部的发电装机总量。届时中国每年新增风电、太阳能发电和核电等非化石能源装机仍需达 5000 万千瓦以上。中国未来在新能源和可再生能源发展的速度和规模以及能源结构变革的力度方面，都将是其他大多数国家难以比拟的。

中国“十三五”提出能源消费总量控制目标，将为 2020 年后实施 CO_2 排放达峰目标奠定基础。在“十三五”规划中，同时也提出“有效控制电力、钢铁、建材、化工等重点行业碳排放，推进工业、能源、建筑、交通等重点领域低碳发展”，并提出“支持优化开发区域率先实现碳排放达到峰值”。目前已有北京市、广州市、镇江市等碳排放率先达峰城市提出到 2020 年左右实现 CO_2 排放达峰，将为全国 CO_2 排放达峰发挥引领作用。中国正努力通过经济和产业结构调整，改变过去以投资以及能源密集型的重工业驱动经济增长的发展模式，转而通过服务业、高科技产业拉动经济的高效、绿色发展。

中国能源系统向清洁、低碳的方向转型是“十三五”规划和《巴黎协定》双重改革动力下的重要议题。中国能源转型的方向是改变当前以化石能源，特别是以煤为主的能源结构，提升清洁能源在一次能源消费中的比重。“十三五”规划提出将非化石能源占一次能源的比重提升至 15% 以上，其中水电、风电、光伏、核电、生物质装机在 2020 年时分别达到 380GW、210GW、110GW、58GW 和 15GW。

图 3 “十三五”期间中国非化石能源装机目标

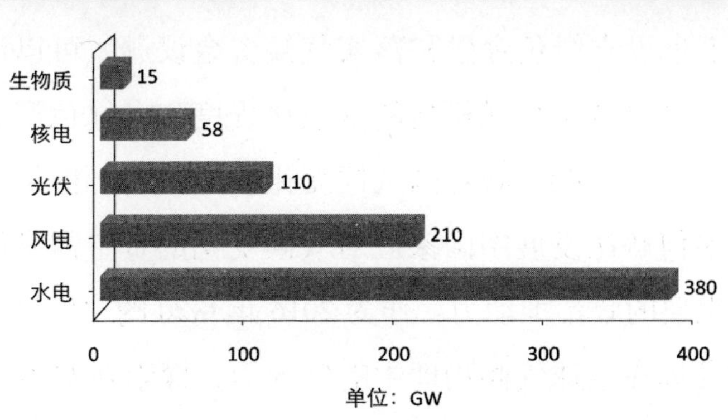

G20 与气候能源治理

G20 作为当今国际上重要的多边对话平台，致力于构建创新、活力、联动、包容的世界经济，同时也必须在应对气候变化问题中也发挥重要的领导作用。这不仅仅是因为气候变化与世界经济和能源的可持续发展密切相关，更是因为分享世界经济发展成果，推动和帮助广大发展中国家实现可持续发展目标，G20 必须正视气候变化会给发展中国家未来发展所带来的巨大风险，并采取相应措施减小其影响。

在 G20 的框架下，通过深化与国际能源署（IEA）、欧佩克（OPEC）、国际能源论坛（IEF）、国际可再生能源机构（IRENA）、能源宪章组织（ECT）等国际机构合作，以及建立能源对话机制等手段，中国和其他国家将可以更有效、更深度地参与国际能源治理，包括有步骤地取消低效的化石能源补贴。这对于提高能源供应与投资安全，促进能源资源国的经济发展至关重要，同时也能为推动世界向低碳能源转型，应对气候变化产生积极作用。另一方面，G20 下也设立绿色金融和落实气候资金议题，可以深入探讨如何推进全球金融机构的绿色化程度和向绿色产业配置资源，并且为在《联合国气候变化框架公约》框架下继续讨论如何解决发展中国家应对气候变化的资金需求问题提供了重要的政治推动力。作为 2016 年 G20 的主席国，中国继续发挥在全球气候治理中的领导力，探索在 G20 平台进一步推动全球气候治理的更多可能性。

1. G20 与能源治理

目前世界存在多个主要的国际性能源组织，这些能源治理机构是基于不同的目的，由不同的利益相关方所发起成立，因而其章程和宗旨各异，其管理手段也具有局限性。当前国际局势错综复杂，面临着多方的利益博弈，加之治理机构碎片化导致的机制性矛盾非常冲突，使全球能源治理进程受到极大阻碍。国际能源治理此时最需要的是统一协调和多边对话，而占全球 90% GDP 与 80% 贸易的 G20 无疑是提供这种协调机制的理想平台。中国快速增长的能源需求使中国成了全球能源治理构架中日益重要的角色，而中国在海外日益庞大的能源投资和进口也要求中国在国际能源治理中发挥更主动和有领导力的作用。截至 2014 年，中国已经成为世界最大的原油进口国，中国能源企业的海外投资累计超过 2000 亿美元，同时也是世界最大的风电与太阳能设备出口国。无论是对化石能源投资与贸易，还是可再生能源的发展，中国都有举足轻重的影响力，也面临着越来越无法忽视的国际治理挑战。

G20 为世界主要经济体与不同国际机构之间的对话搭建了非正式的平台，中国可以依托 G20 开放式的交流对话机制，采取两步走的方式加深对国际能源治理的参与。第一步，继续深化在国际能源治理中的重要议题上与国际机构的交流与合作。近期中国已正式成为国际能源署的联盟国，并由中国人当选了国际能源论坛的新任秘书长，中国与相关国际能源组织的交流合作正在日益深化。第二步，逐步推动G20改革，在G20框架下整合已有的国际能源网络和能源管理机构，使其成为这些网络的中枢，将当前一年一度的领导人峰会、一年一度的能源部长会议、每年三次的能源工作组的运作模式提升为“领导人峰会能源部长会议能源主管部门与国际机构对话会议能源工作组会议”四级联动多层次能源对话机制，并设立能源对话与治理的常设秘书处以发挥联系、磋商和协调的作用，统筹协调现有的多元治理结构，发挥G20作为全球能源治理指导机构与协调中心的作用。

2. 气候资金与绿色金融

作为争执最激烈的议题之一，气候变化资金问题一直都是气候变化谈判中最受关注的话题。从2009年哥本哈根会议达成协议草案要求发达国家将向发展中国家提供每年1000亿美元的应对气候变化资金，到《巴黎协定》要求发达国家继续向发展中国家提供资金援助，帮助后者减少碳排放以及适应气候变化，同时鼓励其他国家在自愿基础上提供援助。气候变化资金协议前进的每一步都充满了发达国家与发展中国家的争执与妥协。而G20成员均为《联合国气候变化框架公约》缔约方，在遵循《公约》原则和规定的基础上，各国需利用 G20 的平台继续积极落实巴黎大会在气候资金等问题上达成的成果，并为各方在《公约》框架下继续讨论如何解决发展中国家应对气候资金需求等问题提供积极的解决方案。

另一方面，中国在以煤为主的能源体系，也存在大量对化石能源的无效补贴。这些补贴鼓励了不必要的供应和需求，并因此阻碍了能效和可再生能源的发展。国际能源署估算 2014 年中国对消费端化石能源的补贴约为 174 亿美元，如果再包括使用化石燃料所带来的外部性成本，这个数字将高更多。2009 年，G20 领导人首次承诺将取消没有效率的化石能源补贴，这一承诺在之后的每一次 G20 峰会上都得到重申。中国、美国和德国，成为第一批自愿相互进行化石能源补贴评估的二十国集团国家，以此来加速实现取消化石能源补贴的承诺。

中国正在推动绿色金融创新，并于 2015 年成立中国金融学会绿色金融专业委员会。作为一种市场化的制度安排，金融在促进环境保护和生态建设方面具有十分重要的作用。通过绿色债券、绿色证券、绿色保险、环境基金等创新型金融产品，加强金融政策与产业政策的协调配合，可以有效减少对高耗能高污染行业、环境违法企业的资金支持，引导资源向绿色和低碳行业的配置。这既可以减少对化石能源消费的无效补贴，也可以为中国和世界的能源转型和应对气候变化提供资金。根据最近的研究报告预计，未来五年中国用于低碳建筑、绿色交通和清洁能源三大行业的低碳城市建设所需投资总额将达到 6.6 万亿元人民币（约合 1 万亿美元）。

3. 中国作为 G20 主席国推动气候与能源治理

G20 是中国首次以创始国成员和核心国成员的重要身份参与的全球经济治理机制，为中国提升全球能源治理领导力提供了世所瞩目的中心舞台。短期来看，中国把能源治理提高为 2016 年 G20 峰会的关键议程之一，继续延续前几届峰会对能源问题的重视并争取有所突破；中长期来看，通过推动 G20 的顶层设计和框架建设，中国与其他成员国一起可以将 G20 改造成为全球能源与气候治理最重要的指导机构与协调中心。中国还可以考虑将 G20 下的能源与气候治理与下列几个重大的战略目标结合起来推进，包括“一带一路发展倡议”、“基础设施互联互通”、《中国制造 2025》以及“支持发展中国家工业化”。在签署了新的《国际能源宪章宣言》后，有研究建议中国可以考虑推动达成“跨国能源投资协议”，以推动在能源欠发达地区的能源项目投资，同时提高安全性与透明度。该协议将在很大程度上与中国全力推动的“一带一路”战略和亚投行（AIIB）相呼应，使中国更好地融入和改善世界治理体系。针对能源基础设施的行动计划与 G20 的核心议题推动全球发展的目标是一致的，因此可以尝试整合成为 G20 全球治理框架的一部分。另外，中国也可以与其他主要倡议国家一起合作，利用当前低油价的契机，为推动消除取消低效的化石能源补贴制定切实可行的步骤和时间表。

国际气候治理的中国声音

1. 中国是国际气候治理新理念的引领者

习近平主席出席巴黎气候大会并在开幕式做重要讲话，提出作为全球治理的一个重要领域，要以应对气候变化的全球努力为借鉴，探索未来全球治理的新模式，并提出建设人类命运共同体，创造合作共赢、公平正义、共同发展的“三个未来”。中国积极促进巴黎气候大会成功，正是实践习主席提出的全球治理新理念、深度参与全球治理、体现大国责任担当的成功范例，已经并继续为全球气候治理新机制的形成和发展发挥重要的指导性作用。

《巴黎协定》新机制体现了世界各国合作共赢、共同发展的理念和原则。新机制旨在激励各国自主贡献和行动，并不断加大力度，在构建人类命运共同体的大前提下，促进各国统筹协调国内发展目标与全球减排需求，寻求自身发展利益与应对气候威胁的价值平衡。协定中“强调气候变化行动、应对和影响与平等获得可持续发展和消除贫困有着内在的关系”，突出各国都要走上气候适宜型的低碳经济发展路径，实现“发展”与“降碳”的双赢。把应对气候变化的长期目标与保障粮食安全、消除贫困与可持续发展密切结合起来，统筹部署，实现多方共赢的目标。因此，应对气候变化长期减排目标下的低碳经济转型，不应成为对经济社会发展的制约，而是应作为难得的发展机遇，更是各国实现自身可持续发展的根本路径。对发展中国家而言，在工业化和现代化进程中要同时实现发展和低碳的双重目标，既需要自身发展方式的低碳转型，也需要发达国家资金、技术和能力建设上的支持。在全球气候变化合作进程中，要为其创造一个公平实现可持续发展的机遇。所以，《巴黎协定》新机制的实施，就要求各国摈弃“零和博弈”的狭隘思维，而转向“共和博弈”的合作共赢。

气候治理新机制要体现公平和公正原则，这也是《巴黎协定》新机制有效执行的根本保障。《巴黎协定》强调全球各国共同减缓行动要体现“共同但有区别的责任”原则，公平原则和各自能力原则，区分了发达国家和发展中国家不同的历史责任和现实义务。发达国家除率先减排外，有义务为发展中国家减缓和适应两方面提供资金支助，同时发展中国家也要努力走上低碳经济发展路径。在公平原则指导下，对发达国家和发展中国家的自主贡献和行动的衡量准则，成为发达国家和发展中国家加强互惠合作行动的基础，从而保障《巴黎协定》新机制的有效实施。在这一原则下，《巴黎协定》中对减缓、适应、资金、技术、能力建设、透明度、全球盘点等各要素都做了全面平衡的安排。

2. 中国是气候变化国际治理体系的积极推动者

在巴黎气候变化大会前夕，中国政府利用领导高层互访契机，加强与各国在气候变化领域的交流与合作，分别与美国、欧盟、英国、“基础四国”等国家发表气候变化联合声明。中国积极参与“基础四国”、“立场相近发展中国家”等磋商机制，与发展中国家加强对话沟通，开展务实合作，赢得国际社会积极反响，在应对气候变化领域与各国增进理解，进一步扩大共识，为推动气候变化谈判多边进程做出了重要贡献。

中国政府积极推动应对气候变化南南合作，近年来通过向发展中国家赠送低碳节能产品，组织气候变化培训班，加强对发展中国家的援助。2014 年 9 月，国务院副总理张高丽作为习近平主席特使出席在纽约召开的联合国气候峰会时宣布，中国将大力推进应对气候变化南南合作，从 2015 年开始在现有基础上把每年的资金支持翻一番，建立气候变化南南合作基金。中国已经提供 600 万美元资金支持联合国秘书长推动应对气候变化南南合作。2011—2015 年，中国已安排 4.1 亿元资金用于支持小岛屿国家、最不发达国家、非洲国家等应对气候变化。2015 年 9 月，习近平主席访美期间，正式宣布中国政府出资 200 亿元人民币建立中国气候变化南南合作基金。该基金旨在支持其他发展中国家应对气候变化、向绿色低碳发展转型，包括增强其使用绿色气候基金资金的能力和气候适应力，严格控制对国内以及国外高污染高排放项目的投资。该基金的建立是中国政府推进气候治理南南合作，向发展水平较为落后的国家和地区提供支持的务实举措。中国正在启动在发展中国家开展 10 个低碳示范区、100 个减缓和适应气候变化项目及 1000 个应对气候变化培训名额的合作项目，继续推进清洁能源、防灾减灾、生态保护、气候适应型农业、低碳智慧型城市建设等领域的国际合作，并帮助他们提高融资能力。

作者：

何建坤，清华大学低碳经济研究院院长、管理科学与工程专业教授，兼任国家气候变化专家委员会副主任，中国可持续发展研究会副理事长，北京市气候变化专家委员会主任等职。

王韬，现任 Climateworks Foundation 的中国研究员，曾任第一财经研究院助理院长。王韬博士与他的团队致力于为中国历史性的经济与能源转型提供独立、客观和有深度的建议。

滕飞，清华大学能源环境经济研究所副教授，主要从事气候变化国际政策与国内政策、气候变化综合评价模型及能源经济学等研究。

亚投行的愿景与治理

刘东民

导言

2015年12月25日，由中国倡议发起、57国共同筹建的多边开发性金融机构亚洲基础设施投资银行（以下简称“亚投行”）正式成立，全球多边开发性金融体系增加了一个由发展中国家主导的新成员。亚投行将以开放性、建设性、创新性的姿态，为亚洲区域经济发展乃至全球经济增长做出自己的贡献。

中国发起设立亚投行的背景

1. 基础设施投资不足制约全球经济增长和人类福利的改善

基础设施投资短期形成需求，长期形成供给，是推动经济增长、提升人类福利的重要手段。但是，基础设施投资的回收期较长，通常需要15年到25年才能收回成本，且大部分基础设施项目的收益率偏低，单纯的市场机制远远不能满足其融资需求（ADB, 2015）。因此，基础设施投资不足成为长期以来困扰世界经济的一个重要问题。2008年金融危机之后，全球经济的平庸增长、各国公共与私营债务的普遍高企使得基础设施投资匮乏的困境愈发突出。经济合作与发展组织（OECD，2015）的研究指出，从2015年至2030年，每年基础设施的投资需求都占到当年全球GDP的3.5%，但现实情况是，危机后很多大型经济体的基础设施投资与GDP的占比都处于历史低位。亚洲在基础设施投资方面的供需缺口更大。根据亚洲开发银行的测算（ADB，2015），目前亚洲地区约有14亿人没有用上电，12亿人没有通畅的交通，将近10亿人不能使用洁净的水和基本的卫生设施。自2010年到2020年，亚洲经济在能源、交通、通讯、水利和卫生设施上要投资近8.2万亿美元，即每年投资7470亿美元。在这样的背景下，建立新的区域性多边金融机构，以开发性金融的模式推进亚洲基础设施投资，就成为中国发起成立亚投行的重要理由。

2. 中国能够并且应当在区域经济治理中承担更大责任，做出更多贡献

从 1978 年到 2008 年，中国的改革开放不断推动自身融入经济全球化的进程，在这一阶段，中国在全球市场上扮演的角色主要是参与者而不是创造者，是全球价值链的被动接受者而不是主动选择者。2008 年金融危机以后，发达经济体和新兴经济体的经济实力对比发生了显著变化。中国从 2010 年开始成为全球第二大经济体，从 2013 年开始进出口贸易总额跃居全球第一。毫无疑问，中国已经成为全球具有系统重要性的国家之一。中国的经济发展是世界经济增长的主要引擎之一，中国的经济政策对世界各国都会产生某种程度的溢出效应。反过来，区域和全球的经济发展也会对中国产生巨大的影响。不论是自身发展的需要，还是国际社会对中国的期待，都要求中国在区域和全球经济治理中成为一个负责任大国，中国能够并应当在一定程度上成为区域和全球市场的创造者，从而为区域和全球经济增长做出更大的贡献。在这样的背景下，中国发起设立亚投行，为亚洲经济发展提供资金支持，就成为中国转变角色、承担区域经济大国责任的一个标志性事件。

3. 现有全球多边开发银行体系存在较大的改进空间

现有的全球多边开发银行凭借其自身的高信誉度，撬动公共和私人部门资金，又利用其对国际业务及经济发展的专业知识储备，通过有效的项目设计和技术支持，对于

推动有关国家经济增长、促进区域经济一体化、提升社会福利创造了巨大价值。然而，无论是全球性的世界银行还是区域性的多边开发银行，在实际运营中都面临着诸多挑战。发展理念刚性、战略使命繁复、运营效率偏低是当前全球多边开发银行普遍存在的问题。

发达经济体占主导地位的多边开发银行，往往从自身经验出发对发展中国家的经济发展模式采取过于刚性和单一的标准，对不同国家存在的制度与环境差异认知度不足。较为刚性的发展理念一方面容易导致对发展中国家提出不契合实际的药方，另一方面推动这些多边机构的战略使命不断增加，对借款国的要求变得日益繁复。某些多边开发银行在提供项目贷款时，经常会介入借款国的多方面政策，不仅包括财政与货币政策，还包括国有部门改革、政府治理改革、产业政策、民族政策等等。多边开发银行希望为借款国建立多个战略目标的理由存在一定的合理性，即这些目标都会影响借款国的经济增长和社会发展，因此是不可或缺的。但是，过多的战略使命意味着过度的干预，一方面会伤害借款国和多边开发银行之间的互信，另一方面模糊了多边开发银行的业务边界和责任，导致机构有限的资源被摊薄，降低了开发银行从关键领域促进发展中国家经济增长和社会进步的效果。另外，随着多边开发银行的不断发展，其机构也日渐庞大，层次也越来越复杂。机构臃肿、条块分割不仅降低了机构本身的运行效率，也造成人浮于事的现象，且各个部门都有自我强化的趋势，往往是设立容易但裁撤困难，形成自我凝固的官僚化机制。多个部门之间的工作职责划分时有重叠，汇报渠道各异，造成了很多无谓的部门争议及管理成本。由于贷款项目的批准牵涉到越来越多的部门，导致总体上很长的审查批准时间，这也降低了借款国的合作兴趣。

以发展中国家为主导的亚投行的成立，将更贴近这些国家的发展需求，能够以更加包容务实的态度与发展中国家开展深入的合作。中国在改革开放的三十多年里，经济实现了高速增长，社会福利得到显著提升，在此过程中也积累了一定的成功经验，可以和亚投行其他股东国分享这些经验，为多边开发银行的治理注入一些新思路，并有可能形成多边开发银行的良性竞争机制，促进全球多边开发体系的改革与发展。

4. 中国巨额外汇储备的投资潜力亟待开发

中国在 2006 年超越日本，成为全球外汇储备第一大国。到 2016 年 5 月，中国持有 3.19 万亿美元的外储，接近全球外储总量的 30%，比排名第二的日本高出 1.94 万亿美元。从 1990 年的 110 亿美元外汇储备增长到现在的 3.19 万亿美元，中国外汇储备的规模发生了天翻地覆的变化，但是其投资模式基本不变，即在保证持有一定量的流动性用于居民与企业汇兑、国际清偿和危机防范以外，大部分外汇储备都投资于美元资产，且以美国国债为主。根据美国财政部的数据，截至 2015 年 12 月底，中国持有美国国债 1.25 万亿美元。把外汇储备集中投资于收益率很低的美国国债，不仅有违于“投资分散化”的风险管理原则，也限制了外汇储备的使用范围，降低了投资效益。在全球基础设施投资不足以及中国企业加快“走出去”步伐的新时期，中国巨额外储可以为境外的实体经济投资贡献力量。因此，近年来中国政府积极推进外汇储备的多元化运用。亚投行和金砖银行的建立，正是中国政府拓宽外汇储备使用渠道的大好机会。将部分外储投资于亚投行和金砖银行，使得外汇储备可以用于境外实体经济投资，既为全球经济发展做出更大贡献，也会促进自身的经济增长。

亚投行的发起与筹建

1. 亚投行筹备进程中的三个阶段

自 2013 年 10 月习近平主席在出访东南亚时提出设立亚投行的倡议，到 2015 年 12 月 25 日亚投行正式成立，其筹建过程经历了两年多的时间，可以划分为三个阶段。

第一阶段从 2013 年 10 月到 2014 年 10 月，亚投行成功签署备忘录。在习近平主席正式提出筹建亚投行倡议的同月，李克强总理出访东南亚时也就中国倡议筹建亚投行表态。此后不久，包括中国在内的十多个亚洲国家于 2014 年

1月在北京举行了第一次多边工作磋商会议，就筹建亚投行的框架方案交换了意见。此后，中方与有关国家举行了四次多边工作磋商会议和一次部长级工作晚餐会，就亚投行的宗旨、治理、总部选址和股权结构等问题进行了充分沟通交流。2014年10月24日，包括中国、印度和新加坡等在内首批21个意向创始成员国代表在北京人民大会堂签署了《筹建亚洲基础设施投资银行的政府间框架备忘录》，共同决定成立亚投行。

第二阶段从2014年11月到2015年3月，亚投行争取到新成员的加入。在亚投行筹建备忘录签署后的半年时间内，亚投行意向创始成员国数目不断增加，包括印度尼西亚、新西兰、沙特阿拉伯、塔吉克斯坦、约旦等在内的国家纷纷宣布成为亚投行意向创始成员国。不过到此时，亚投行仍然是一个区域性多边开发银行，缺乏主要发达国家的加入，而已经成为创始成员国的不少国家对亚投行的发展也仍然持谨慎观望态度，在西方媒体上也鲜见对亚投行的相关报道。但在接近中国财政部公布的创始成员国最后申请时刻（2015年3月31日），事情却发生了重大变化。2015年3月12日，英国正式申请加入亚投行，引起了全球舆论对亚投行前所未有的关注。此后德国、法国、意大利等欧洲国家相继加入。截至2015年3月底，除美国、日本和加拿大之外的主要发达国家均成为亚投行的意向创始成员国，亚投行意向创始成员国多达57个。

第三阶段从 2015 年 4 月至 2016 年 1 月，亚投行完成筹备并正式投入运营。在以英国为代表的大量发达国家加入后，亚投行在股权结构上从一个区域金融机构转变为一个全球性金融机构。而亚投行也顺应外界期盼，提出精简（Lean）、廉洁（Clean）和绿色（Green）三个目标，希望建成一个具有国际高标准的开放、高效的多边机构（金立群，2015b）。基于达成的这些共识，2015 年 6 月 29 日，50 个已通过国内审批程序的国家在北京正式签署《亚洲基础设施投资银行协定》（以下简称《协定》），标志着亚投行筹建工作进入批准生效并准备运营的新阶段。根据《协定》，亚投行目前总认缴股本为 981.514 亿美元，中方认缴额为 297.804 亿美元，占比 30.34%（亚投行，2015）。2015 年 12 月 25 日，经合法数量的国家批准后，《协定》生效，亚投行正式成立并于 2016 年 1 月投入运营。

2. 欧洲国家加入对亚投行的影响

2015 年 3 月，在大多数亚洲国家已经加入的前提下，亚投行迎来了以英国为代表的欧洲国家加入，引起了国际社会的高度关注。

事实上，欧洲国家的加入对亚投行未来发展将产生积极影响：第一，可以提升西方世界对亚投行的认可程度。西方发达经济体的加入，在较大程度上改变了亚投行的股东格局，使其从一家股权分配完全集中在亚洲国家的区域性开发银行转变为有大量西方国家参与的全球性金融机构。第二，对于提高亚投行信用评级有一定帮助。按照目前国际三大评级机构的超主权评级方法，在西方多国加入之前，亚投行成员国的评级级别普遍较低，因此亚投行的评级级别可能与中国的主权评级一致，低于多数现有多边开发银行的评级。西方发达经济体的加入，在一定程度上改变了这种不利局面，亚投行的评级可能会有所提升；第三，完善亚投行的治理与发展模式。发达经济体的加入，将把现有多边金融机构运作当中的优秀经验带过来，使亚投行能够在较短时间内充分吸收国际先进经验，形成良好的后发优势。当亚投行在股东结构上变成全球性多边金融平台之后，其在投资时所面临的国家风险会有所降低，因为亚投行的众多股东国可以对借款国产生政策协调上的合力。另外，大量域外国家的加入，对于未来亚投行可能进行的域外投资带来了一定便利。

亚投行的发展愿景

1. 尊重发展中国家需求的开发银行

二战结束之后的经济发展理念大多以发达国家的现实经验为基础，在全球影响力较大的几家多边开发银行，其业务实施也是以发达国家为主导。这些多边机构的发展理念主要由发达国家来制定，其战略使命不断扩展，从经济领域延伸到政治改革、法制建设、公司治理、民族政策等多个领域。发展理念的刚性和战略使命的繁复一方面对借款国形成了较多干预，降低了借款国与多边机构的合作兴趣；另一方面多边机构设立过多的战略目标，各类事务纠缠在一起，导致资源配置效率低下，反而弱化了对发展中国家关键领域的支持力度。

亚投行充分尊重发展中国家所选择的发展道路，其投资将尽量减少与经济活动无关的附加条件。从现实看，金融机构对其投融资活动设定附加条件是件很自然的事，但附加条件应仅限于与项目运营和偿还贷款有关的方面。单纯套用某些国家的发展模式往往会带来很多的社会、政治问题，既伤害了借款国和多边金融机构之间的互信，也会明显地降低机构本身的运行效率，这对借款国和金融机构都是得不偿失的事。

亚投行将精简战略使命，把基础设施投资作为自身的核心战略，投资决策以项目的经济可行性为主要考量标准。这样做的益处有三个方面：一，将投资业务重点放在基础设施领域，能够高效配置资源，提升运营效率，为亚洲区域经济的长期发展提供有力支持；二，便于快速积累实施基础设施项目的经验，为亚投行的长期稳健发展打下坚实基础；三，便于建设一个重视专业技术知识、非政治化的组织文化，并更加符合发展中国家的核心诉求，从而为亚投行赢得更多的发展中国家客户和全球的业务合作伙伴。

2. 具有良好财务可持续性的开发银行

作为以发展中国家为股东主体的开发性金融机构，亚投行将重视银行利润的适度获取，以此保证银行具有良好的财务可持续性，既维护发展中国家股东的参与热情，也能够在长期中为国际发展融资体系做出稳定持续的贡献。

从全球多边开发机构的运营经验来看，良好的财务可持续性是可以实现的，如亚洲开发银行和欧洲投资银行（表1）[1]。对于亚投行而言，主要业务集中在最具经济活力的亚洲地区，通过专业的项目选择、严格的风险管理和精简的机构运作，完全能够赢得适度的投资收益。与商业银行的差别在于，一方面亚投行不会把追求利润最大化作为目标，另一方面亚投行将主要致力于中长期投资，与商业金融机构追求短期回报形成鲜明的对比。在这样的经营理念指导下，亚投行既能够实现良好的财务可持续性，又拥有商业银行不具备的竞争优势，创造可观的经济与社会价值。

3. 坚守高标准的开发银行

亚投行将尊重国际通行规则，充分借鉴现有多边开发银行的经验，在治理结构、业务运营和安全保障政策等领域遵守高标准。

在亚投行筹备期间，亚投行多边临时秘书处聘请了多

1. 世界银行有其特殊性，它承担了全球减贫的重任，因此项目收益很低，有时甚至为零。

表 1 三大多边开发银行的经营业绩

	世界银行		
	2013	2014	2015
资产回报率（ROA）	-0.02%	-0.43%	0.10%
资本回报率（ROE）	-0.17%	-4.08%	0.85%
	亚洲开发银行		
	2013	2014	2015
资产回报率（ROA）	0.49%	0.33%	0.47%
资本回报率（ROE）	3.15%	2.28%	3.19%
	欧洲投资银行		
	2013	2014	2015
资产回报率（ROA）	0.49%	0.48%	0.48%
资本回报率（ROE）	4.34%	4.34%	4.35%

数据来源：EIB Financial Report 2013/2014/2015，WB Financial Statements (Fiscal Year 2013/2014/2015), ADB Financial Report 2013/2014/2015。其中，世行数据仅指国际复兴开发银行（IBRD），不包括国际开发协会（IDA）

位在国际机构和政府部门拥有丰富工作经验的外籍专业人士，与亚投行的股东国代表共同探讨和设计治理结构、业务运营模式、安全保障政策以及相关的法律文件。整个筹备过程体现出的公开、透明、包容和民主协商的作风，不仅使得中国赢得了各国的信任和支持，也帮助亚投行在创建伊始就能够全方位地学习和借鉴先进的国际经验，实现高标准运营。

亚投行目前所拥有的高度多元化股东结构，以及由理事会、董事会和管理层所形成的三层组织架构，已经形成了良好的现代治理模式，为亚投行始终如一地坚守高标准奠定制度保障。亚投行行长金立群多次在公开场合表示，亚投行“将建立符合 21 世纪要求的高标准治理体系”，要实现“创新的国际最佳实践”，这反映出亚投行最高管理层对于实现高标准运营的决心和信心。亚投行在全球范围内以公开、透明、择优的原则选聘人才，高质量的人才队伍能够有力地保障亚投行全方位地实现高标准运营。

4. 重视国际合作的开发银行

作为全球多边发展融资体系的新成员和补充力量，亚投行将全方位地与现有多边开发银行、商业金融机构以及各国政府开展合作。

现有多边开发银行在几十年的运营过程中积累了丰富的经验，总体上讲，在项目储备、知识储备和人才储备上都具有优势。亚投行可以在知识共享、能力建设、人员交流和项目融资等方面与现有多边开发银行开展合作，这将有助于亚投行在较短时间内积累经验，提升管理能力，降低运营风险。同时，亚投行的新增资金供给和高效运转模式也将激发其他多边机构的合作意愿，并通过合作来促进全球多边发展融资体系的改革与发展。在亚投行的筹备期间，世界银行行长金墉（金墉，2015）、亚洲开发银行行长中尾武彦（中尾武彦，2015）均明确表示了与亚投行的合作意愿。事实上，目前亚投行已经与世界银行、亚洲开发银行、欧洲投资银行和欧洲复兴开发银行开展了实质性合作。

亚投行将开展与商业金融机构的合作，以政府与社会资本合作（PPP）模式放大杠杆效应，更有效地调动、配置市场资源。世界银行旗下的国际金融公司、欧洲投资银行的全球贷款业务，都是多边开发机构与各国商业金融机构合作的成功典范。亚投行将认真学习这些先进经验，联合全球的公共与私人资本，整合不同金融机构的客户资源和项目储备，力争成为国际发展融资市场上优秀的合作者。

深化与各国政府的合作是亚投行重要的战略诉求。以基础设施投资为主要业务方向、以主权信用担保贷款为主要商业模式的亚投行，其核心的合作伙伴和服务对象是各国的中央和地方政府。亚投行将充分与各国的各级政府保持密切交流，了解政府部门的需求，在尊重各国发展道路的前提下，设计、制定适当的项目融资和运作模式，配合政府部门实现经济发展的关键目标。作为多边金融机构，亚投行还将承担跨境基础设施项目的协调与融资工作。跨境项目的发起与实施，涉及多边政府间合作机制的建立，具有一定的挑战性，亚投行以金融平台的身份参与多边机制的协商建设，具有不可替代的价值，因此亚投行将努力为多边政府间合作做出自己的贡献。

亚投行的治理和运营

虽然亚投行刚刚开始投入，但从各个方面，我们都可以感受到亚投行在治理和运营模式上与已有多边开发银行的差别。简单来说，开放包容、精简高效和务实灵活是其鲜明特征。

1. 开放包容

亚投行与其他多边金融机构相区别的第一点在于其充分的开放性。《协定》规定亚投行在其贷款项目中将进行全球采购，而不限于成员国采购，这充分体现出了开放和包容，将使得所有受援国能够在项目实施中购买到最适合自己的产品，获取最大的利益，这与现有的某些多边金融机构形成了鲜明对比。

更为重要的，中国作为亚投行发起国和最大股东国，在投票权中不谋求长期拥有一票否决权，这是其开放性的最重要体现。根据《协定》确立的股权结构，中方目前实占亚投行股权 30.34%，为第一大股东，比第二至第五大股东股权总和（23.4%）还高出 6.94 个百分点。股权大小关乎决策权大小，按照国际惯例，中方 30.34% 的股权可相应获取大体同等的投票权。但为了体现团结共筹之诚意，中方对投票权作了适度削减。根据协定，中方实有投票权26.06%。由于亚投行重大决策需要3/4以上票数才能获得通过，这意味着目前中方拥有重大决策的一票否决权。但是，亚投行将一直对国际社会持充分开放的态度。近期亚投行行长金立群表示，在亚投行正式成立之后，又有约30个国家表示了加入亚投行的意愿，预计到2016年底，亚投行的股东国有望接近100个。伴随越来越多的新成员加入，中国的投票权将会下降，有可能在未来某个时点之后不再具备一票否决权，但是中国会始终以真诚开放的姿态欢迎其他国家的加入。

2. 精简高效

亚投行在吸取已有多边开发银行经验及教训的基础上，进行了改革创新。首先，亚投行不设常驻执董会，由董事会直接监督管理层，职责分工明确，运作高效。同时总行在中国之外仅设几个办事处，员工人数预计只会达到500～600人的规模，大约为亚开行和世行员工人数的1/6和5%。上述几个措施将扭转多边开发机构过于臃肿的痼疾，降低亚投行的运营成本。其次，亚投行在贷款审批流程上将进行简化。亚投行在成立初期，已经深刻意识到现有国际金融机构烦琐苛刻的规则对其长期发展的不利影响，因此在项目审批方面将进行改革，包括缩短项目审批流程、提高审批效率等，从而将亚投行建成一个架构简单、运作高效的机构。

当然，对于亚投行的上述改革，外界也有批评意见。对于不设常驻执董会，批评者认为这将影响股东国之间的及时沟通，中方以此增强了自身控制力。任何一项改革政策都不是十全十美的。不设常驻执董会，对于明确职责、提升管理效率、精简运营成本是有显著效果的。在通信手段极其发达的今天，除了面对面的交流外，还可以有视频会议、电子邮件、电话等有效方式。遇到重要问题，董事们也可以快速地从世界各地聚集到一起。这样，就可以将负面影响控制在极其有限的程度内。

3. 务实灵活

以发展中国家股东为主体的亚投行，其贷款标准将更重视经济发展，不谋求对借款国整体发展模式的干预。事实上，某些多边机构的贷款标准会表现出对一国发展模式的过度干预，这降低了发展中国家申请贷款的积极性。亚投行将在环境与社会利益等方面坚持国际通行的高标准，但是同时将调整某些不符合发展中国家国情的苛刻条件，因此将更为符合资金需求国的实际情况（金立群，2015a，2015b）。

亚投行的投资模式将更为灵活，银行贷款、股权投资和担保业务同时运作。除去传统的主权信用担保贷款外，根据《协定》，亚投行还将进行直接投资，即对公共和私人部门进行股权投资(亚投行，2015)。这一模式的灵活度高，更有利于采用PPP模式，并且在某些情况下能够通过承担较高风险而获取较高回报。另外，亚投行也可以作为担保人，为资金需求方和供给方提供中间业务来促进投资。三种投资模式的配合使用，将大大增强亚投行的市场适应能力，为区域发展融资做出更大贡献。同时，PPP模式也将被亚投行大力推广。通过推进PPP模式，整合市场资源参与基础设施建设，发挥亚投行的杠杆效应，增强基础设施项目对于私人部门投资者的吸引力。

作者：

刘东民，中国社会科学院世界经济与政治研究所副研究员，国际金融室主任。近年来完成课题近二十项，在“前海金融产业发展规划”研究中提出的跨境贷款、离岸母基金、前海企业赴港发债等政策建议获得批复并在前海实施。

参考文献：

1. 金立群，2015，《亚投行演讲》，中国发展高层论坛，
   http://www.cnrencai.com/yanjiang/201962.html。
2. 金立群，2015，《亚投行预计年底运行 高度重视绿色增长投资》，
   http://www.yicai.com/news/2015/06/4637996.html。
3. 金墉，2015，《亚投行是重要合作伙伴 有消除极度贫困的共同目标》，
   http://economy.caijing.com.cn/20150629/3914804.shtml。
4. 亚投行，2015，《亚洲基础设施投资银行协定》，
   http://news.qihuiwang.com/finance/20150629106728.html。
5. 中尾武彦，2015，《亚洲开发银行行长谈亚投行：是合作关系，不是竞争关系》，
   http://finance.chinanews.com/cj/2015/03-22/7148331.shtml。
6. ADB. 2015. Issues Note－the G20 Agenda.
7. OECD. 2015. Unlocking Growth: the Role of Investment, Innovation and Business Climate.

B20与基础设施投资

田慧芳

傅成玉

导言

2008年至今，国际金融危机已经进入第8个年头，世界经济复苏依旧艰难曲折，不平衡性和脆弱性进一步发展。但另一方面，危机爆发以来，全球基础设施建设进入快速、稳定发展期，亚、非、拉等地区对基础设施投资有着强劲的资金与技术需求，美、欧等发达国家基础设施也面临更新换代，给全球经济发展带来了巨大空间。振兴和增加基础设施领域的公共和私人投资，对促进增长、创造就业和提高生产力至关重要。联合国2030年发展议程和巴黎气候大会均把建设绿色、清洁、高质量的基础设施纳入可持续发展目标(SDGs)和全球应对气候变化的重要举措。

自2011年以来，基础设施投资已经逐渐成为G20国家的首要议程。2013年俄罗斯专门成立了投资与基础设施工作组推动基础设施投融资活动。2014年澳大利亚成立了全球基础设施中心(GIH)，推动各国改善基础设施融资环境和提高融资效率。2015 年土耳其以国别投资战略作为推动增长的重要抓手，敦促各成员国自愿提出富有雄心的国别投资量化目标和投资计划。2016 年，中国是 G20 首脑峰会的主办国，G20 峰会的主题确定为“构建创新、活力、联动、包容的世界经济”，希望之一就是以基础设施互联互通为媒介，加强全球基础设施投资与可持续发展，形成世界规模经济效应和联动效应，让全球共享包容性发展所带来的效益和财富。

2016 正值中国 " 一带一路 " 倡议具体推进的关键年份。B20 作为国际工商界参与国际经贸规则制定和全球经济治理的一个重要平台，建议中国借 G20 主办国之机携手推动基础设施互联互通建设，鼓励 G20 成员国制定基础设施改革议程，改善投资环境，推动私营部门的投资和公共部门的资金及多边机构支持的密切配合，适度提高资金杠杆和使用效率，提升多边开发融资体系的融资能力和治理效率，挖掘私营部门的投资潜力，切实推动全球经济向着“强劲、可持续、平衡增长”的目标迈进。

基础设施投资在拉动全球经济增长中的作用

基础设施投资可以直接促进经济增长，兼具“溢出效应”和“网络效应”等特殊性质。从宏观经济层面看，基础设施投资作为国民经济的组成部分，其本身所创造的产出的增加可以直接引起国民收入的增加从而促进经济增长。从产业层面看，基础设施发展可以通过产业间的关联效应带动其他产业结构升级。这种关联效应主要包括前向关联效应和后向关联效应。前向关联效应是指基础设施产业为国民经济中其他产业部门提供了基础性服务，从而推动相关产业产出的增加，如道路的贯通、管线的铺设、环境的改善等为社会生产和人民生活所提供的种种便利和服务而创造的间接效益，体现着基础设施产业部门对其他部门的支持。

基础设施的后向关联效应是指基础设施产业的发展需要相关部门提供必要的原材料、资金、技术和服务等，从而带动相关产业产出的增加，如铁路运输业的迅速发展推动了如钢铁、建筑材料和运输设备制造业的大力发展。从企业层面看，基础设施投资被认为是直接生产活动投资的先决条件，其对生产活动的影响主要体现在降低企业生产成本和提高生产率。基础设施的发展、其提供服务的增加，可以减少交易者获取交易信息所需的成本支出。

世界银行的《1994年世界发展报告》指出基础设施资本存量对经济增长和人类福利的提高具有实质性作用。也有研究提出，政府基础设施投入对经济增长的效用非常复杂，基础设施投资与经济增长之间并不是简单的单调关系，而是一种倒u型关系。对此，林毅夫认为，基础设施投资的拉动作用需要区分发达国家和发展中国家的不同情况进行探讨。发达国家实行财政刺激政策成效受到较多约束，基础设施投资在历史时期已饱和，现实中投资只能是改善；在发展中国家，基础建设、教育、卫生等领域仍是经济发展的瓶颈，如果投资更集中于制约发展中国家经济增长的瓶颈领域，会明显改善和帮助经济重新快速增长。比如在中国的转型发展过程中，政府推动基础设施建设能够发挥重要的积极作用。

放眼全球，当前各国基础设施投资需求强劲。发展中国家在加速工业化和城市化发展中，需要加大基础设施投资建设。世界银行研究显示，发展中国家目前每年基建投入约 1 万亿美元，要想保持目前的经济增速和满足未来的需求，到 2020 年前每年至少还需增加 1 万亿美元。以非洲为例，目前只有 40% 的非洲民众用得上电，33% 的农村人口能够享受运输或交通，只有 5% 的农业用地得到了灌溉，仅非洲的年基建需求缺口就高达 1000 亿美元。同时，发达国家出于更新升级老化基础设施和刺激经济复苏的双重目的，也陆续推出规模庞大的基础设施建设计划。比如英国政府 2016 年 3 月最新更新的《国家基础建设规划 2016—2021》（National Infrastructure Delivery Plan 20162021）预计未来 10 年在机场、公路、能源、通信，以及关键社会基础设施（学校、医院和监狱）等基建领域的投资需求高达 4830 亿英镑。美国土木工程协会估计，到 2020 年，美国的基础设施要维持良好状态，还需要额外 3.6 万亿美元的投资。

此外，随着区域经济一体化的发展和深化，跨区域互联互通需求日益增长，比如亚洲的大湄公河次区域经济合作（GMS）以及“一带一路”等；欧盟的“联通欧洲项目（CEF）”；非洲的“非洲基础设施发展计划（PIDA）”；

拉美地区的“边境开发与一体化支持计划（PADIF）”和“南美区域基础设施一体化（IIRSA）”计划。国际会计师事务所毕马威的研究显示，到2030年全球范围内对基础设施的投资建设需求高达50万亿美元。根据全球基础设施中心的最新预测，到2030年基础设施投资市场投资缺口高达10万亿～20万亿美元。亚洲开发银行报告显示[1]，仅亚洲2010—2020年基础设施投资总需求预计就达到8.28万亿美元。其中，68%为新建投资需求，32%为维护及改造投资需求，主要集中在东亚和太平洋地区，以及电力和公路建设方面。

一般来说，政府是各国境内基础设施投资的主体，而多边和区域发展银行和国际金融组织在跨境基础设施投资中占据了主导地位，比如世界银行在全球的跨境基础设施投资中发挥了重要作用；亚洲开发银行则在亚洲地区过去几乎所有的大型跨境基础设施建设中扮演了主导地位。非洲开发银行承担了非洲六国共建跨撒哈拉公路及巴门达埃努古公路项目。此外，大部分项目由非洲开发基金（ADF）和非洲基础设施开发计划（PIDA）投资。在拉美，美洲开发银行（CAF）进行了大量互联互通项目投资，在近20年中，CAF共投资了60项合计98.265亿美元的项目。

1. 见亚洲开发银行与亚行研究院2009年联合发布的《亚洲基础设施建设》。

表 1 世界银行在全球交通和通讯项目

区域	项目数	金额(10亿美元)	涉及国家
东亚和太平洋地区	64	7.52	17
非洲	62	10.34	25
南亚	32	8.23	6
欧洲和中亚地区	27	5.04	13
拉美和加勒比地区	25	4.8	12
中东和北非地区	9	1.87	5
全球	219	37.79	78

数据来源：世界银行项目库

表 2 亚洲开发银行对各国互联互通支持情况

项目数	技术援助(TA)	多级融资便利(MFF)	贷款(Loan)	赠予(Grant)	ADB 出资(百万美元)
交通	342	119	315	63	73761.51
信息通信技术	23	2	9	5	739.85
交通和信息通信技术	186	4	29	6	1473.153

数据来源：亚洲开发银行项目库

总的来看，全球基础设施投资存在有以下特征：

第一，投资缺口巨大。当前基础设施投资面临公共资金短缺、银行提供长期融资的动力不足以及金融市场波动频繁等多重挑战，需要挖掘多渠道的资金来源支持基础设施建设。

第二，多边开发银行是全球基础设施建设的重要参与者，不但提供资金、知识和技术经验分享，而且能够比较有效地协调各方。但多边开发银行多有区域性，更多集中关注本区域范围内的基础设施项目，以推进区域一体化，相互之间的协调合作较少。协调性不足可能会导致重复建设，或者出现“拥挤效应”，增加被投资国的建设成本和协调成本，从而影响全国甚至整个区域的互联互通建设。此外，与全球各国特别是广大发展中国家的互联互通需求相比，多边开发银行的资金支持明显不足，需要加强多边开发银行在项目上的合作。

第三，私人部门参与不足。GIH认为，要满足巨额需求，未来所需的50多万亿美元投资中，私人部门投资必须超过20多万亿美元。目前情况是，亚洲国家基础设施占GDP的比例接近7%，但只有0.2%为私人投资。近几年来中国基础设施投资（约占GDP的9%）中只有不到0.03%来自私人资本。相反，在拉丁美洲和加勒比地区，基础设施投资的私人资本融资比例分别为1.9%和1.6%。

第四，全球层面的规则建设不足，缺乏“全球互联互通建设”规范，国际投资碎片化、政府与社会资本合作（PPP）融资、项目准备和遴选标准等不一。

全球基础设施投资中的中国角色

过去 30 年，随着中国的改革开放和城镇化的发展，中国快速成为全球最大的基建市场。1990—2002 年，中国基础设施基本建设累计完成投资 80249 亿元，年均增长 26%。2003—2008 年，基础设施基本建设累计投资总额 246770 亿元，年均增长 24.5%。2008 年出台 4 万亿公共投资刺激计划，近一半投入到铁路、公路和机场等重大交通基础设施。2012 年，面对经济增速不断下滑压力，中国政府又加大了基础设施投资力度。基础设施投资的不断增长一方面对中国经济的高速增长起到了支撑作用，另一方面经济的高速增长又反过来为基础设施的进一步投入提供了更多的资源，两者之间呈现出相互促进的关系。

1. 中国境内的基础设施建设

2008 年下半年国际金融危机爆发以来，中国成为带动世界经济复苏的重要引擎，中国对世界经济增长的年均贡献率一直超过 20%。按照世行的数据估算，即使在中国经济增速放缓的情况下，2015 年中国经济增长对全球经济增长的贡献率仍然达到26.1%，拉动全球经济增长达0.625个百分点。其中基础设施投资对中国经济增长的贡献具有重要意义。

在各级政府的努力下，中国的基础设施取得了巨大的成就。以高速公路为例，1990年中国高速公路里程仅仅有500公里，2015年已达到125373公里，是1990年的250倍，年均增速接近28%。铁路里程、供水管道长度、光缆线路长度等均增长了数十上百倍。为加快完善交通基础设施网络，充分发挥交通重大工程建设对于促投资、调结构、稳增长的重要作用，更好地支撑国家战略目标的实现，中国国家发展改革委员会与交通运输部于2016年5月联合发布了《交通基础设施重大工程建设三年行动计划》，指出“十三五”时期是交通基础设施重大工程建设的重要阶段，包括铁路、公路、水路、机场、城市轨道交通五大类共计303项即将开展的重大建设工程，其中涉及的资金共计4.7万亿元，2016年项目131个，投资约2.1万亿元；2017年项目92个，投资约1.3万亿元；2018年项目80个，投资约1.3万亿元。

表3 中国基础设施投资在全社会固定资产投资中的比重			
时间	全社会固定资产投资（亿元）	基础设施投资（亿元）	基础设施投资占比
2000	32918	11237	34.14%
2001	37214	12057	32.40%
2002	43500	13370	30.74%
2003	55567	14618	26.31%
2004	70477	18513	26.27%
2005	88774	23443	26.41%
2006	109998	28877	26.25%
2007	137324	33776	24.60%
2008	172828	41556	24.04%
2009	224599	59284	26.40%
2010	251684	70582	28.04%
2011	311485	67474	21.66%
2012	374695	77739	20.75%
2013	444618	79332	18.52%
2014	512761	86669	16.90%
2015	551590	89062	16.15%

注：
表中的基础设施包括：电力、燃气和水的生产与供应业，交通运输、仓储和邮电通信业，水利、环境和公共设施管理业

资料来源：中国历年统计年鉴

图 1 中国基础设施投资的变动趋势

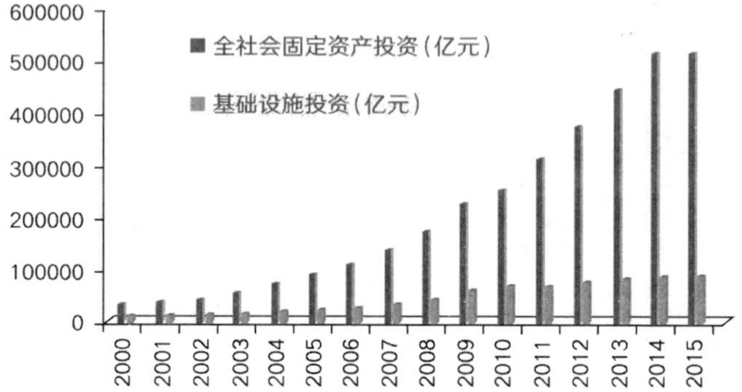

资料来源：中国历年统计年鉴

在规模增长的同时，中国的基础设施建设也存在一些问题，主要表现为：

第一，资金来源相对单一，投融资体制亟待改进。中国的基础设施建设主要由政府主导，导致政府债务快速增长，难以长期持续。对此，中国政府提出要积极发展混合所有制，即鼓励社会资本通过特许经营、股权投资、PPP模式等方式，调动私营资本积极参与基础设施投资运营，实现项目共建合营，提高运营效率和收益。此外，2014年，中国政府将多个已规划的基础设施项目向外国投资开放，包括铁路、天然气管道、电信及清洁能源项目。2015年初，中国政府宣布对外国投资法律进行重大改革，将允许外国投资进入未列入负面清单的行业，同时减少审批延误，促进中外企业的公平竞争。目前中国正在草拟以上改革方案，并可能需要一到两年时间将其付诸实施。

第二，基建质量和运行效率不高。中国的公路、铁路里程与国土面积的比例仅为 0.7%，远低于美国 2.5% 的水平。人均的基础设施水平和发达国家相比仍然有巨大的差距。为此，中央政府提出重点加强道路交通（地铁、轻轨、大容量公交等）、管网（供水、污水、雨水、燃气、供热、通信、电网、排水防涝、防洪以及城市地下综合管廊试点等）、污水和垃圾处理、生态园林等四个方面的建设，提升基础设施建设质量，形成适度超前、相互衔接、满足未来需求的功能体系。对于中西部地区和城乡在基建存量和质量方面存在的较大差距，中国通过向中西部、农村及落后地区乃至与转型升级相关的重点领域加大政府投资力度，调整结构、补齐“短板”，推动基础设施领域建设更趋均衡，引领经济转型升级。

第三，中国在基础设施建设领域经验丰富，但不少基建相关行业均处于明显的产能过剩状态，比如钢铁、水泥等。全球基建热潮给中国带来了新的机遇，开拓海外基建需求，将是中国的一个重要方向。中国政府持续深化各种双边和多边关系，提出“一带一路”和区域基础设施的互联互通建设倡议，并加大信保、退税和融资支持，积极推动中国基建“走出去”。

2. 对外援助和对外承包工程项目

自新中国建立伊始，中国就开始向其他国家提供经济援助。1955年万隆会议召开之后，中国对外援助范围扩展到亚洲和非洲一些对华友好的发展中国家。中国对外援助的约三分之二投向了最不发达国家和其他低收入国家。根据《中国的对外援助（2014）》白皮书，中国44.8%的外援资金用于经济基础设施，27.6%用于社会公共基础设施。近80%的资金都投入到受援国减贫、教育、卫生、体育、文化、交通等民生和基础设施领域。2010年至2012年，中国通过援建成套项目、提供一般物资、开展技术合作和人力资源开发合作等对外援助方式，援建了156个经济基础设施项目，其中30.5%集中在亚洲，51.8%集中在非洲。580个成套项目中经济基础设施和社会公共基础设施占到72.4%。援建的交通运输项目涉及公路、桥梁、机场、港口等。能源项目涉及水电站、热电站、输变电和配电网、地热钻井工程等。

图2 2010—2012年中国对外援助资金领域分布

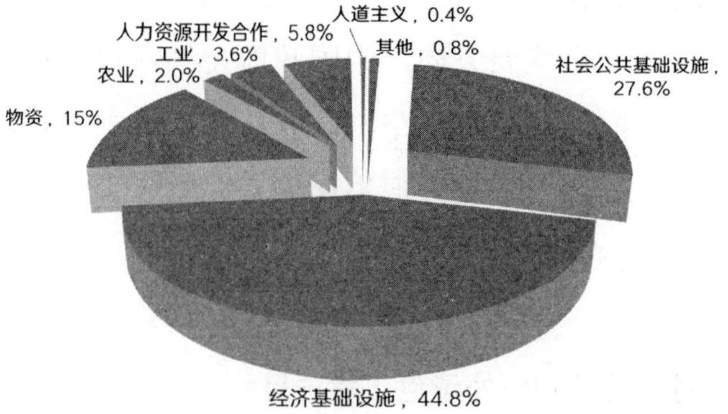

数据来源：《中国的对外援助（2014）》白皮书

在援建中，中国坚持“授人以渔”的援助理念，通过人力资源开发合作、技术合作、志愿者服务等方式，与其他发展中国家分享发展经验和实用技术，增强他们自主发展的功能。中国援建的肯尼亚西卡高速公路第三标段于2008年9月竣工，使内罗毕到经济重镇西卡全线贯通，为肯尼亚、埃塞俄比亚、坦桑尼亚等国实现互联互通做出了贡献。中国援建缅甸的最大水电站缅甸瑞丽江一级水电站是中国首个以“建设经营移交”（BOT）方式运作的对外水电项目。2013年，中国援建的巴基斯坦核电站项目启动，旨在缓解巴基斯坦近年来不断加剧的电力短缺状况，是迄今为止中国在巴基斯坦投资最大的能源项目。此外，中国还援建了60多个信息化项目，包括光缆电信传输网、电子政务网以及广播电视调频发射台等。

图3 中国对外承包工程业务的变动趋势（2000—2015）

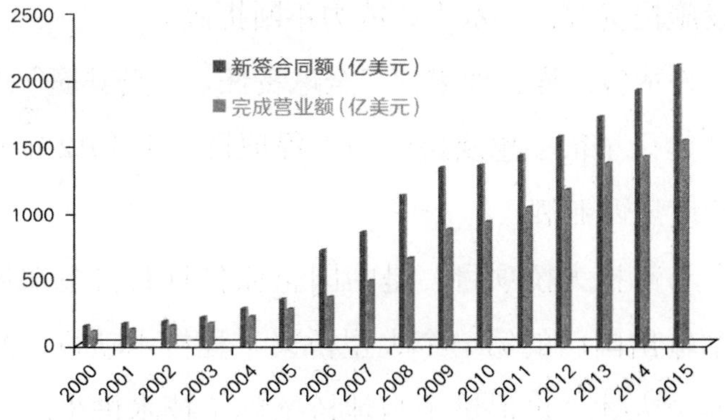

资料来源：中国对外承包工程商会

对外承包工程是在对外经济援助基础上快速发展起来的。2000年中国对外承包工程新签合同额仅为149亿美元，2006年后进入快速增长通道，至2015年新签合同额已经突破2000亿，涉及铁路、公路、港口、电力、管道、园区等不同类型的项目，遍布亚、非、欧、拉美、北美、大洋洲等。2015年仅“一带一路”沿线新签的对外承包工程合同额就达926.4亿美元，占同期中国对外承包工程新签合同额的44.1%。从区域来看，亚洲和非洲的对外工程项目增加最多。从领域来看，铁路建设领域的大型项目的比重增加最快。

中国的基建企业积累了丰富的境外工程项目和技术经验，尤其在高铁、高速公路、桥梁、机场、码头、水电大坝等建设领域。2015年美国《工程新闻纪录》(ENR)评选出全球最大250家国际工程承包商，有65家中国内地企业入榜，上榜数量居各国首位。企业的业务模式也实现了从传统的“设计投标施工承包”模式向总承包、对外投资、实物换资源等高利润业务模式的转变。中国基建企业对外基础设施投资规模、水平、能力不断提高。

对外承包工程企业秉持“全球责任、和谐共赢”理念，在海外建设了很多惠及民生的工程项目。于2012年9月开工的印度尼西亚泗

水马都拉大桥项目，是中国企业将具有自主知识产权的技术输出国门的第一个大型桥梁工程技术项目，既为当地培养了人才，也促进了当地桥梁施工技术进步。于2011

年 10 月正式开工的塞尔维亚泽蒙博尔察大桥项目，是中国在欧洲的第一个大桥项目。项目近 47% 的工作与当地公司合作完成，项目严格按照欧洲标准，谨遵当地法律法规，充分尊重欧洲市场对环境保护的要求，极大带动了塞尔维亚基建市场的发展。2014 年 7 月完工的土耳其安卡拉至伊斯坦布尔的高速铁路二期工程是中国在海外建设的首条高铁，也是未来亚欧大陆桥的重要路段。中国基建企业还积极开展丰富多样的公益活动，支持当地教育、文化和卫生医疗等公共事业发展。为了系统披露中国对外承包工程企业在海外履行社会责任的理念、实践和绩效，加强与国内外利益相关方的责任信息沟通，中国对外承包工程商会自 2009 年开始编制《中国对外承包工程行业社会责任报告》，迄今已经发布了三次报告。

但在对外承包工程整体保持平稳发展的同时，项目建设过程也充满了挑战。

首先，竞争日益激烈。欧美日等国的大型承包商在技术专利、融资能力、管理水平等方面占有明显优势。发展中国家国际承包商的技术水平和管理能力也不断提高，使得国际承包工程的产业分工日益深化。中国对外承包工程企业之间以及中外承包商之间的分工与合作未来将成为主流。

第二，国际投资壁垒和贸易保护主义存在。大部分国家对基础设施建设行业的开放持谨慎态度，市场的开放度仅为30%左右。近年来频发以国家安全为由将已经中标的中国公司排除在外的情况。此外，基建行业存在各种复杂的国际、国内规章和标准，包括建筑许可、产权登记、资格审查、环境保护等。这需要各国通过双边和多边合作，加强在标准和规范方面的合作。

第三，中国企业融资能力弱，融资渠道单一。中国对外承包工程企业常以带资承包的方式参与国际竞争，主要是依靠出口卖方信贷。受能力和理念限制，国际流行的BOT、PPP等投融资方式很少被中国企业所采用。这需要中国金融机构积极开展金融创新，为对外工程承包提供多样化的金融业务；需要创新配套的融资保险机制，推动对外承包工程项目人民币结算，帮助企业规避汇率、金融风险。

第四，承包工程面临国际经营人才短缺、属地化经营水平和社会责任工作有待提高的问题。中国的工程建设和施工管理方式与国外相比有很大的不同，难以得到西方监理公司的认可。相关的专业中介机构如银行、律师和会计师事务所及专业咨询机构等多受限于语言劣势、文化差异和人才短缺等因素，专业能力亟待提升。

3. 跨境基础设施互联互通计划

随着区域经济一体化的发展，基础设施建设在区域内及跨区域互联互通的重要性凸显，全球基础设施建设迎来新一轮发展机遇。中国是全球跨境基础设施互联互通项目的积极参与者和贡献者。当前中国参与和规划的计划有：

第一，大湄公河次区域经济合作。GMS 是在亚洲开发银行（ADB）的支持下，于 1992 年启动的由中国、越南、老挝、柬埔寨、缅甸、

泰国等澜沧江湄公河沿岸 6 个国家共同参与的一个次区域经济合作机制。合作领域包括交通、通讯、能源、旅游、环境、人力资源开发、贸易和投资等。中国已加入《大湄公河次区域便利客货运输协定》，出资资助了上湄公河航道改善工程、泛亚铁路境外段前期研究工作，签署了《大湄公河次区域电力贸易政府间协议》，并积极推动次区域贸易投资便利化进程、信息高速公路规划和生物多样性保护走廊的建设。

第二，中亚区域经济合作计划（CAREC）。CAREC 也是由 ADB 倡议建立，于 2002 年升级为部长级合作机制，自 2011 年起迈入了第二个十年发展周期，旨在通过交通、贸易便利化、能源、贸易等重要领域的区域合作，帮助中亚成员国实现经济社会发展，减少贫困。到 2014 年已经实施了 156 个项目，资金 24.6 亿美元。至 2020 年，CAREC 计划开发新的连接中亚、中国和南亚的公路和铁路线路，以实现三个地区间的贸易潜能。

第三，中巴经济走廊。该计划于 2013 年 5 月提出，旨在加强中国和巴基斯坦沿线建设交通运输和电力的基础设施互联互通，预计总工程费将达到 450 亿美元。目前丝路

基金有限公司已经参与了中巴经济走廊多个项目建设，包括合作开发卡洛特水电站（Karot Dam）等水电项目。

第四，孟中印缅经济走廊（BCIM）计划。该计划于2013年5月由中印双方共同倡议，旨在打造中国昆明到印度加尔各答的经济走廊，聚集交通、能源和通讯等三方面。2013年5月，中国与印度两国政府达成关于建设孟中印缅经济走廊的共识，将有力推动各国边境地区的要素流动和聚集。目前中方企业投资的中国在孟的最大工程承包项目帕德玛大桥项目已正式投入施工，这是连接中国及东南亚的“泛亚铁路”的重要渠道之一，也是“一带一路”的重要交通支点工程。

第五，“一带一路”倡议。2013年9月7日中国首次提出共建“丝绸之路经济带”的倡议。该倡议贯穿世界上跨度最长的经济大走廊，东牵亚太经济圈，西系欧洲经济圈。它以经济和人文合作为主线，代表着一个更大范围的国际经济合作框架。以基础设施建设为核心的互联互通是“一带一路”的基础。

第六，APEC互联互通蓝图。2014年中国主持APEC会议期间一致通过了该蓝图，致力于推动2025年实现亚太地区在基础设施、制度规章和人员交流三方面的“无缝联通”目标。

第七，倡议成立亚洲基础设施投资银行（AIIB）。AIIB于2015年12月正式成立，是一个政府间性质的亚洲区域多边开发机构，成员涵盖亚洲、欧洲、非洲、美洲和大洋洲的多个国家，重点支持基础设施建设，是亚洲国家加强合作的载体。2016 年亚投行预计批准约 12 亿美元贷款，将与世行联合融资支持涉及中亚、南亚及东亚的交通、水务和能源等领域的建设。

中国作为主席国在 G20/B20 框架下对基础设施投资的政策建议

基础设施投资议题是历届 G20 峰会的热门话题。自 2011 年法国巴黎的 G20 峰会后，G20 就将基础设施投资视为撬动经济增长的关键杠杆，随后制订了一系列行动计划，以提升投资计划和项目准备的质量，促进合约的标准化，增加长期资金的来源，支持公共机构的长期能力建设工作等。

2013 年，俄罗斯担任 G20 主席国期间成立了独立的 G20 投资与基础设施工作组（IIWG）。2014 年底 G20 布里斯班峰会批准成立全球基础设施中心，为政府、私人部门、开发银行和其他国际组织提供分享知识的平台和网络。2015 年土耳其以国别投资战略作为投资推动增长的重要抓手，敦促各成员国自愿提出富有雄心的国别投资量化目标和投资计划。2016 年，作为 G20 主席国，中国的议程仍然将基础设施投资议题列为核心议题持续推进，以充分利用投资支持G20增长战略及2030可持续发展议程，同时结合中国“十三五”时期在加强同国际金融机构合作、扩大基础设施覆盖面、推进基础设施互联互通等方面的战略利益需求。2016年G20框架下的基础设施投资议题讨论主要围绕三方面展开：

第一，优化多边开发银行（MDBs）的资产结构，动员多边开发银行资源。鼓励MDBs采取联合行动支持基础设施投资，包括优化MDBs资产负债表、支持MDBs设定基础设施投资的数量目标，推动亚洲基础设施开发银行（亚投行）、金砖国家新开发银行（金砖银行）等新机构与现有MDBs的务实合作，及以MDBs为平台调动私营部门资源，加强三方合作或多方合作。

第二，加强现有基础设施互联互通倡议联动。以提升全球基础设施互联互通水平为目标，加强现有区域或国别基础设施互联互通倡议的合作和政策衔接，增进成员以及机构间的政策信息、项目信息共享，并分析基础设施互联互通面临的共同挑战和前景。

第三，多元化基础设施的融资渠道，撬动私营部门投资基础设施。主要包括如何通过市场化的融资工具创新，如加强股权融资等为基础设施项目提供长期融资；如何加快资本市场的发展，调动机构投资者在基础设施领域的积极性；以及如何识别影响PPP等基础设施项目实施的制度性及能力建设的关键因素，撬动私人资本和机构投资者加大对基础设施的投资，解决投资缺口问题。

B20作为国际工商界参与国际经贸规则制定和全球经济治理的重要平台，专门于2014年成立了投资与基础设施研究小组，并提交B20基础设施和投资研究小组报告以鼓励二十国集团政府制定雄心勃勃的基础设施改革议程，解决各国企业和跨国公司在基础设施领域的发展和投资方面受到的各种挑战。比如项目储备经验不足、融资受限、基础设施创新和生产率提升幅度相对较小、互联互通性不足等，推动实现全球可持续增长。近年来中国政府提出并积极推动“一路一带”互联互通，这与B20基础设施建议不谋而合。让“一带一路”沿线国家共享中国改革发展成果，共同推动B20国家乃至全球经济包容性可持续发展自然成为中国推动2016年B20的重要思考。2016年B20基础设施工作组提出了以下具体建议：

第一，增加并加快经严格、客观评估和优先排序，筹备充分且可融资性强的项目储备。具体而言，政府应制定连贯一致的基础设施愿景、规划和项目储备；规范、简化并加快项目筹备和采购流程；评估项目所有可能的资金或收入来源的潜力和可行性；制定可融资的PPP和其他私人投资的模式，这些模式要建立在符合最佳国际实践标准、平衡的风险分摊以及足够的对长期投资者的保护，特别是提供政治和法律风险的保护。鼓励创建协调中心，利用多边开发银行、机构，全球基础设施投中心以及G20成员国专家来制定标准化的项目开发框架来指导和加快项目储备。

第二，制定有利的监管规则，实施资产货币化战略，推动开发创新金融工具释放基础设施长期投资的潜力。G20成员国要改善投资环境、强化法治建设和市场监管。鼓励采取资产货币化措施，允许把成熟项目的回报再投资到新的项目，进而增加长期投资者的投资机会，提高资产的市场流动性。各成员国应创新金融工具帮助投资者开展债权和股权的投资（如创建基础设施投资的全球保险池）。

第三，加强多边开发银行和机构在推进私营部门投资基础设施的催化作用。包括加强各 MDBs 之间协调与合作的广度和深度，尤其是在共同融资和技术援助等领域，并为政府开发可融资性强的项目提供更多支持。鼓励各 MDBs 开发和支持创新金融工具（例如增加担保的数量和覆盖面，创建新的或有融资工具，以及与私人投资者共同投资）。通过改善协调工作，以及更好地利用技术援助能力和资产负债表，提升多边开发银行和机构的效率。加强各 MDBs 在联合融资、项目筹备流程、项目数据和知识共享等领域的协调与合作；各 MDBs 应将技术援助方案与各国政府的目标相匹配，以加快可融资性强的项目的开发；各 MDBs 应通过开发和支持创新金融工具，加强利用其资产负债表，以吸引私营部门融资。

第四，通过对资产管理最佳实践和创新技术的支持和推动，提高基础设施项目整个生命周期的生产率，并构建面向未来的先进基础设施。鼓励成员国实施资产转换的举措，通过更好地使用数字化和其他创新技术以及资产管理的最佳实践，提升既有基础设施的潜在价值。政府应在基础设施建设领域推广创新技术及其他能提高生产效率的技术；通过在基础设施运营和维护等领域更好地使用数字化和其他创新技术，开发现有资产的潜在价值。工程建设监管机构及采购单位应激励使用提高生产效率的技术和其他工程建设领域的创新。

第五，加强或建立国家层面、地区层面和全球层面的相应机制来强化各行业基础设施的互联互通，例如全球能源互联互通（GEI），PIDA、跨欧网络（TEN）和中美洲电力互联互通系统（SIEPAC）。B20 支持 G20 提出的“全球基础设施互联互通联盟倡议”，建议尽快实施，并建议通过“联盟”扩展其他跨国基础设施项目和实施机制。同时欢迎 G20 各政府应设立年度基础设施互联互通论坛（峰会），将政界、商界和其他领袖会集在一起，制定互联互通议程，促进跨区域和跨行业的最佳实践交流。

总之，2016 年 G20 会继续在全球携手推动互联互通方面发挥领导作用，提供足够融资，提高资金的杠杆作用和使用效率，同时推动多边开发银行的跨区域合作，提升多边开发融资体系的融资能力和治理效率，推动私营部门投资、公共部门资金及多边机构支持的密切配合，为私人资本开拓国际市场创造良好的前景和稳定的投融资环境。

作者：

田慧芳，中国社会科学院世界经济与政治研究所全球治理室副主任，副研究员，研究领域涉及全球治理、经济发展、环境经济学等。主持国家社科基金、APEC “绿色金融”等十几个课题。

傅成玉，2015 年和 2016 年 B20 基础设施工作组联合主席。自 20 世纪 80 年代初就参与了中国海洋石油对外开放与合作，有着丰富的国际合作经验。他长期在石油战线工作。对石油工业有深刻的理解。曾分别任中海油董事长兼 CEO 和中石化董事长。

供给侧
结构性改革

CA

凝聚结构性改革共识 促进世界经济增长

楼继伟

导言

当前，全球经济面临严峻挑战。2016年以来，国际货币基金组织（IMF）已连续三次下调全年全球经济增长率，从3.6%下调至3.1%，其他主要国际组织也普遍下调了对今年全球经济增速的预测。在此背景下，促进“强劲、可持续、平衡增长”仍是二十国集团（G20）面临的一项重要任务。

面对持续低迷的全球经济，G20各国加强政策协调与应对至关重要。正如习近平主席在2015年G20安塔利亚峰会上指出的，我们要找准病灶，对症下药。全球低增长困境是表象，体现为总需求不振、失业问题突出、债务高企、贸易和投资低迷等。虽然其与周期性因素和短期下行风险密切相关，但更深层次原因则源于全球经济的中长期结构性问题。特别是危机后各主要经济体全要素生产率增速放缓，潜在产出水平下降，成为制约全球经济回归强劲增长的根本性问题。如何破解这一难题，增强经济内生动力，恢复全球经济活力，是我们共同面临的挑战。

结构性改革是提高全要素生产率的重要路径

促进强劲、可持续、平衡增长的根本途径在于深化结构性改革。经济规律表明，经济增长主要来自于要素投入的增加和全要素生产率的提高。但生产要素总量是有限的，并且受要素投入边际效率递减规律制约。因此，经济增长如果单纯依靠增加要素投入来推动总会遇到瓶颈，最终仍需依赖全要素生产率的提高。结构性改革是提高全要素生产率的重要路径，这已在许多理论研究和国别实证分析中得到确认。

以中国为例，通过整体推进和重点突破相结合的、波浪式前进的改革，中国实现了从计划经济体制向社会主义市场经济体制的转变，要素配置效率得到极大提高，有力地带动了全要素生产率的提升。从其他G20国家看，也有很多结构性改革的成功案例。国际金融危机后，德国经济表现出较强韧性，继续成为引领欧洲经济增长的核心之一。这得益于德国20世纪90年代以来对结构性改革的重视，要素配置不断优化，创新得到有效激励，增强了本国核心竞争力。在受危机严重冲击的西班牙、意大利等国家，通过在金融部门、劳动力市场等方面坚持推进结构性改革，经济增长有了明显起色，失业问题也逐步改善。

G20 框架下的结构性改革

近几年 G20 对结构性改革的重视程度不断加大，并做出了许多政策努力。特别是 2014 年 G20 布里斯班峰会通过了促进增长的 G20 全面增长战略，其中包括大量结构性改革承诺。此后，各国根据形势变化对增长战略进行了更新，增加了新的政策承诺。但总体上，G20 改革进展仍落后于预期，离实现“强劲、可持续、平衡增长”目标仍有一段距离。

中国担任 2016 年 G20 主席国以来，把结构性改革作为财金渠道重点议题之一，推动 G20 各国加大结构性改革力度，取得了里程碑式的成果。一是首次就 G20 结构性改革议程进行“顶层设计”。确定了结构性改革的 9 大优先领域和 48 条指导原则，并制定了一套衡量结构性改革进展的指标体系。9 大优先领域包括促进贸易和投资开放、推动劳动力市场改革及获取教育与技能、鼓励创新、改善基础设施、促进财政改革、促进竞争并改善商业环境、改善并加强金融体系、增强环境可持续性、促进包容性增长等。其中，每个领域下包括 4—7 项指导原则，为 G20 各国在各优先领域下制定改革措施提供了参考。指标体系包括了劳动生产率、就业率等在内的 12 个指标，涵盖了大多数结构性改革优先领域。二是进一步提高了 G20 各国改革行动的协调性和有效性。在考虑各国国情和发展阶段差异的基础上，G20 就最重要的改革领域和原则找到了“最大公约数”，制定了改革优先领域和指导原则，这将有助于各成员协同推进和落实改革，最大限度发挥改革的正面溢出效应。考虑到各国国情不同，政策考虑和改革重点各异，各方可根据实际情况灵活实施有关优先领域和指导原则。三是加强了对 G20 各国改革进展与成效的监督。G20 各国同意根据指标体系每两年就改革的进展进行一次评估，评估结果将纳入 G20 问责评估报告。这将有助于相对客观地衡量各国改革在经济社会等方面带来的整体效果，并为下一步改革行动提供参考和指导。深化结构性改革的成果文件已在 7 月下旬 G20 成都财长和央行行长会议上审议通过，作为今年 G20 财金渠道最重要的成果之一提交杭州峰会。这充分证明 G20 认识到结构性改革对促进中长期增长的重要性，进一步凝聚了推进结构性改革的共识。

中国的供给侧结构性改革

就中国而言，经济基本面良好，潜力大、韧性强、回旋余地大。但随着经济进入新常态，我们面临着“三期叠加”的严峻挑战，全要素生产率增长放缓，结构性问题特别是供给侧结构性问题成为现阶段的突出挑战。劳动力、土地、资源等要素成本均大幅上升，环境约束更加明显，依靠要素投入驱动经济增长的方式已经难以为继。在此情况下，为实现和保持经济中高速增长，必须从提高经济运行效率方面下功夫。这就要求我们加大结构性改革力度，矫正要素配置扭曲，扩大有效供给，提高供给结构适应性和灵活性，提高全要素生产率。

具体来讲：一是落实好“三去一降一补”任务。积极稳妥化解过剩产能，中央财政安排1000亿元专项奖补资金，实施有关税收优惠和金融政策，支持地方政府和中央企业化解钢铁煤炭行业过剩产能。合理降低企业税费负担，包括全面推开营改增试点，落实好支持企业兼并重组、固定资产加速折旧、研发费用加计扣除等方面的税收政策等，提高企业盈利能力和竞争力。二是推进简政放权。继续大力削减行政审批事项，深化商事制度改革。大幅放宽电力、电信、交通、石油、天然气、市政公用等领域市场准入，消除各种隐性壁垒，鼓励民营企业扩大投资。三是理顺价格关系。重点是减少对市场价格形成的不当干预，着力完善基于市场供求的价格形成机制。如在农业领域，打破僵化的农业价格体制，消除生产、流通、消费过程中的资源配置扭曲，同时改革农业补贴制度，鼓励环境友好、适度规模经营、可持续的农业发展方式。四是推进城乡要素流动。围绕城市圈发展紧凑型城市，做到产业发展、就业转移、公共服务和人口集聚相统一。破除农业转移人口市民化的制度障碍，推进户籍改革，鼓励进城落户农民依法自愿转让土地承包权、宅基地使用权、集体收益分配权，实现义务教育资源可携带，推动更多人口融入城镇，扩大有效需求。

五是扩大有效供给。降低企业债务负担，创新金融支持方式，提高企业技术改造投资能力。支持做好精准扶贫、生态环保、现代农业、基本公共服务等短板工作。培育发展新产业，加快技术、产品、业态等创新。支持加强质量监管，大力改善产品和服务供给及品质。六是防范化解财政金融风险。建立健全地方政府债务风险预警和应急处置机制，防范和控制风险。通过发行地方政府债券置换存量债务，缓解部分地区偿债压力。加快推进融资平台公司市场化转型和融资，继续发挥转型后的企业对经济发展的积极作用。加快改革完善现代金融监管体制，提高金融服务实体经济效率，实现金融风险监管全覆盖。

中国作为全球第二大经济体和最大的发展中国家，已经深度融入全球经济，也是世界经济增长的重要贡献者。当前，中国经济进入了新常态，面临转型升级关键时期。世界经济也走到了从应对短期危机向积累中长期可持续发展动能转换的十字路口。我们将继续深化结构性改革，并与国际社会一道，共同推动 G20 结构性改革议程，为世界经济的强劲、可持续、平衡增长做出贡献。

作者：

楼继伟，现任全国社会保障基金理事会理事长，曾任中华人民共和国财政部部长。

中国经济新常态与供给侧结构性改革

蔡昉

导言

中国经济发展进入的新常态，既不是一种中短周期波动表现，也不是任何已知的经济长周期现象，而是中国经济发展长期过程的一个新阶段，是中华民族伟大复兴途中一个重要的里程碑。从这个长期的、历史的大视角认识新常态，以其作为经济发展跨阶段的大逻辑引领新常态，需要从供给侧寻找经济增长减速的因素，找准结构性改革的关键领域，对改革推进的方式做出恰当选择，进而赢取改革红利。借此，中国经济通过挖掘传统增长动能的潜力和开启新的增长源泉，就可以实现长期可持续的中高速增长，分别在2020年和2050年实现党的十八大确立的第一个和第二个“一百年目标”。

中国经济发展新常态

经济生活中遇到的问题，有些表现为局部的、偶发的短期扰动现象，通常是经济周期理论研究的对象；也有一些则是全局性的、按照一定规律必然发生的长期性趋势，是经济增长理论或经济史的研究对象。认识后一种情形，需要在思维上具有历史纵深感，才能在判断上保持清醒认识和战略定力，进而在行动上选择并采取正确的应对策略。习近平总书记指出："全面认识和把握新常态，需要从时间和空间大角度审视我国发展。"这一高屋建瓴的判断，应该成为我们认识经济发展新常态的根本性指引。

新常态的一个特征表现就是经济增长速度放缓并持续下行。从周期的角度解释经济增长减速，通常是经济学家最习以为常的思维方式。例如，宏观经济学从经验上概括出经济周期的各种表现和形态，从理论上提供了五花八门的分析框架用来观察经济周期现象，在政策工具箱中则收藏着十八般兵器可以用来实施反周期举措。

在经济学说史上，人们根据各自的观察发现，在不同的时期分别出现过历时3到4年，被称作基钦周期的短周期；历时9到10年，被称作朱格拉周期的中周期；历时20到25年，被称作库兹涅茨周期的中长周期（参见拉斯•特维德，2008）；以及为期长达50到60年，被称作康德拉基耶夫周期的长周期。在资本主义国家的经济发展过程中，各种类型的经济周期伴随着经济危机交替出现，可谓避也避不开。

正因为如此，危机或周期问题成为宏观经济学诞生的催化剂以及学科发展中旷日持久的课题。

多数情况下，经济周期是由需求侧的冲击造成的。无论来自外部还是来自内部，扰动性冲击造成总需求的不足一旦严重到这样的程度，以致实际增长速度显著低于潜在增长率，就会形成增长率缺口，生产要素得不到充分利用，一个严重的表现就是周期性失业率攀升。在这种情况下，大多数宏观经济学家认为，旨在刺激总需求的宏观经济政策，即或者宽松的货币政策或者扩张性的财政政策，以及与其配合使用的其他政策，如产业政策甚至区域政策，因其具有反周期的功能，可以加以采用以刺激经济增长，达到消除增长率缺口的效果。

中国经济在改革开放时期以史无前例的高速增长期间，也经历过若干次周期性减速，相应地形成了增长率缺口。我们的估算表明，在1979—1994年期间和1995—2010年期间，中国的潜在增长率分别为9.66%和10.34%（Cai and Lu，2013）。以这一期间历年实际增长率减去对应的潜在增长率，就可以得到各年度的增长率缺口。计算表明，在2010年之前的30余年中，中国经济增长大体上有三个波动周期，分别形成了四个波谷即最大幅度的增长率缺口，即1981年为-4.42%、1990年-5.82%、1999年-2.72%和2009年-1.13%（蔡昉，2016）。有意思的是，每两个波谷之间的长度大体是9到10年，恰好符合一般认为的朱格拉周期特征（图1）。

图 1 中国经济潜在增长率和增长率缺口

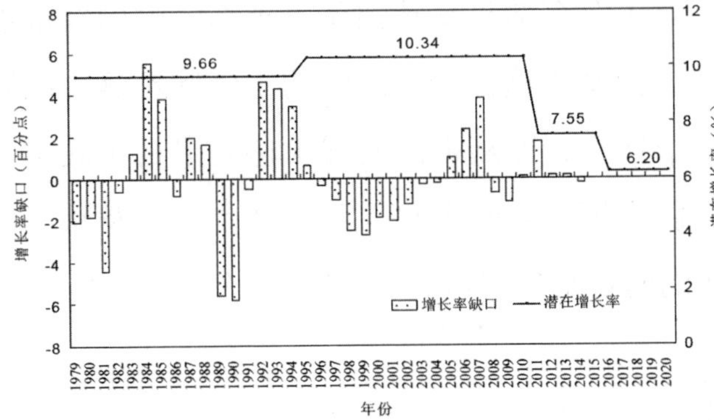

资料来源：Cai and Lu (2013)；国家统计局（历年）

如果回顾改革开放时期的经济发展历程，可以看到，在上述几次经济增长减速发生的时候，都符合逻辑地出现了生产要素利用不足的现象，例如表现为较严重的就业冲击。同样地，虽然每一次的具体形式和力度不尽相同，总体而言，宏观经济政策的确是以刺激经济增长的方式进行干预，最终达到抚平周期，使增长速度回归潜在增长率的（蔡昉，2015）。

中国经济自 2012 年增速明显减慢以来，国内生产总值（GDP）增长率一直处于下行趋势。如果按照以往的经验，即假设潜在增长率仍然是 10% 左右，则在 2012—2015 年期间增长率分别为 7.7%、7.7%、7.3% 和 6.9% 的情况下，分别会形成逐渐加大的增长率缺口。然而，我们的估算和预测表明，中国潜在增长率已经下降到“十二五”时期的平均7.55%和“十三五”时期的6.20%。如果以此与实际增长率相比，就不存在增长率缺口了。那么，中国经济潜在增长率为什么会发生这样一个陡峭的下降呢？这个问题应该放在三个层次上，即从中国发展由盛到衰再由衰至盛的历史长河，从中等收入到高收入阶段转变，以及从经济发展阶段变化的时机来认识。

新常态的大历史视角和阶段特征

根据世界银行数据库，2014年，以市场现价美元计算的中国GDP总量为10.35万亿美元，占世界经济比重为13.28%；以现价美元计算的中国人均GDP为7590美元，相当于世界平均水平的70.68%。按照2014年世界银行划分标准，人均国民总收入（或人均GNI，大体上相当于人均GDP）低于1035美元属于低收入国家；人均GNI在1035～4086美元之间为中等偏下收入国家；人均GNI在4086～12616美元之间为中等偏上收入国家；而人均GNI高于12616美元属于高收入国家。虽然中国迄今仍然位于中等偏上收入国家行列，但是，历史地来看，中国比历史上任何时候都更接近于中华民族伟大复兴。

英国科技史学家李约瑟倾其一生从事中国科技发展史研究，他发现自公元前3世纪直到15世纪，中国的科学发明和发现远远超过同时代的欧洲，居于世界领先水平，而那以后才被西方所逐渐赶超（参见 Temple，2007）。彭慕兰（2003）等经济史学家也以大量史料表明，以中国为代表的东方国家曾经是世界经济的中心，发展水平领先于西方，只是在 400 多年前才出现了一个“大分流”，西方国家逐渐占得科技创新和工业革命的先机，最终形成当代世界发达国家与发展中国家之间的巨大发展差距。已故经济史学家麦迪森则以独家整理的世界及各主要地区和国家的人口和 GDP 数据，验证了上述结论。我们根据麦迪森的历史数据，可以刻画出中国经济由盛到衰再由衰至盛的历史变迁。

从麦迪森的一系列研究中（麦迪森 2003、麦迪森 2009；Maddison，2007），我们可以收集到始于公元元年、截止于 2003 年、基于购买力平价概念、以 1990 年为基准年的诸多年份的 GDP 和人均 GDP 数据。在此基础上，我们还根据世界银行基于购买力平价和 2011 年国际美元的数据，将麦迪森的数据系列更新到 2014 年。利用这个长期历史数据系列，我们分别计算了中国 GDP 占世界经济的比重和中国人均 GDP 相当于世界平均水平的百分比。虽然这里使用的数据系列有这样那样的缺陷，其统计口径也与一般在进行国别比较时所使用的数据不尽相同，但是，作为一项唯一可得并得到最广泛认同的数据，足以帮助我们描画出时间跨度最长的、关于中国发展大时期的更替变化。

如图 2 所示，在公元 1000—1600 年期间，中国的人均 GDP 始终处于世界平均水平或更高。只是在那以后，人均收入的相对水平才开始下降，但相对经济总规模仍然保持很高的水平，1820 年中国 GDP 总量占世界经济比重高达 32.9%。此后，在西方国家纷纷拥抱工业革命的同时，中国经济大大落伍了，GDP 占世界经济的比重和人均 GDP 相对于世界平均水平的百分比都一路降低，直到中华人民共和国成立才停止这个下降趋势。

图 2 中国在世界经济中地位的变化

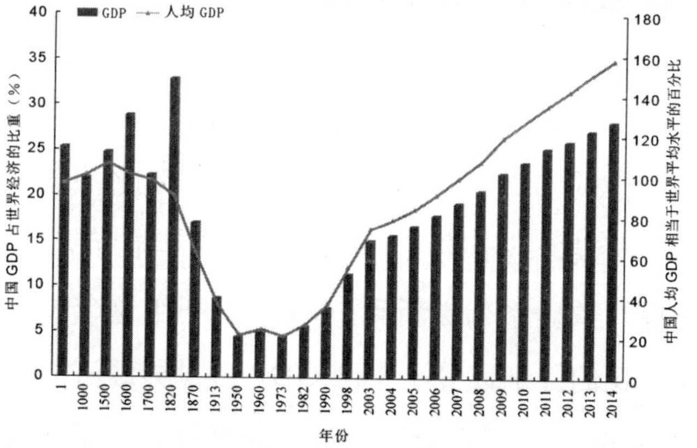

资料来源：2003 年及以前数据取自麦迪森（2003、2009）、Maddison（2007），p. 379, table A.4; p. 382, table A.7；2004 年以后数据系根据世界银行数据库（http://data.worldbank.org/）记载的相关指标增长速度推算

在新中国成立后的前30年里，中国迅速从战乱中恢复起来，并建立起了独立的工业体系，实现了较快的经济增长。但是，一方面，世界经济在20世纪50年代以后也处于被称作“大趋同”的时期（Spence2011，Part One），整体处于较快的发展时期；另一方面，中国在指导思想上和经济工作中犯了许多错误，未能实现赶超的愿景。根据麦迪森的数据，在1950—1978年期间，中国的GDP增长率（5.0%）和人均GDP增长率（2.9%），仅略高于世界平均水平（分别为4.6%和2.7%），经济上落后的地位没有得到根本改变。

改革开放以来，中国在30余年的时间里，实现了第二次世界大战后单个经济体持续时间最长的高速经济增长，显著地缩小了与发达经济体的发展水平和生活质量的差距。这个伟大的成就在图2中得到了最鲜明的展现。值得指出的是，图2中的横坐标刻度不是等值划一的。也就是说，图中呈现出的中国发展由盛到衰再到盛的V字形轨迹，在前半部分代表着经过漫长的历史时期，中国经济衰落到大大落后于世界的底部，后半部则显示出，仅仅在很短的时间内，中国经济就奇迹般地回归并超过了其历史上曾经有过的地位。

比较不同国家在类似发展阶段上，人均收入翻一番所需要的时间，英国在1780—1838年花了58年；美国在1839—1886年花了47年；日本在1885—1919年花了34年，韩国在1966—1977年花了11年；而中国在1978—1987年期间只用了9年的时间，随后又在1987—1995年和1995—2004年期间分别用8年和9年时间再次两度翻番，并于2011年再翻一番，而这一次只用了7年的时间。与此同时，中国GDP总量在1990年只排在世界第10位；到1995年，中国超过了加拿大、西班牙和巴西，排在第7位；到2000年，中国超过意大利，晋升到第6位。随后，在20世纪前10年中，中国又相继超过了法国、英国和德国，到2010年则超过了日本，成为世界第二大经济体，仅仅位于美国之后。

恰好在中国经济成为世界第二大经济体、人均GDP跨越中等偏下到中等偏上收入门槛之际，一个标志着发展阶段变化的事件发生了，即第六次人口普查显示，中国15～59岁劳动年龄人口总量于2010年达到峰值，此后进入负增长。由于改革开放时期经济高速增长与2010年之前劳动年龄人口迅速增加、人口抚养比显著下降直接相关，即劳动力无限供给特征可以提高储蓄率、延缓资本报酬递减、保持劳动力和人力资本充分供给，以及通过劳动力转移获得资源重新配置效率，所以，人口转变的阶段性变化也必然伴随经济发展阶段的变化。

计量分析表明，1982—2009年期间，在10%的GDP平均增长率中，资本积累的贡献率为7.1个百分点，劳动力数量的贡献为0.8个百分点，劳动者教育水平（即人力资本）的贡献为0.4个百分点，人口抚养比下降的贡献为0.7个百分点，全要素生产率的贡献为1.0个百分点（Cai and Zhao,

2012）。而在全要素生产率的提高中，接近一半的贡献来自于农业劳动力转移带来的资源重新配置效率。因此，以人口红利消失为突出特征的发展阶段变化，意味着推动高速增长的传统动力源减弱，导致潜在增长率下降（图 1），并反映为实际经济增长速度的下行趋势。

因此，认识中国经济增长减速，应该从三个层次上把握。第一，在经济发展大历史的由衰至盛阶段上，中国已经在最短的时间里，实现了低收入到中等偏下收入以及再到中等偏上收入阶段的跨越，如今进入从中等偏上收入向高收入国家行列的冲刺阶段，以增长速度减慢为特点之一的新常态，是这个历史转变的结果。第二，经济发展新常态提出的内在逻辑要求，就是加快转变经济发展方式，实现经济增长动力的转换，在提高发展平衡性、包容性、可持续性的基础上保持中高速增长。第三，在这个阶段上，中国还存在着制约经济增长的体制性障碍，在 21 世纪第一个十年中，特别是应对金融危机期间，刺激性宏观经济政策的过度使用也加重了不平衡、不协调和不可持续的问题（如图 1 显示实际增长率明显超过潜在增长率的情况），以及发展阶段要求获得崭新的增长源泉（全要素生产率），保持中高速必须从供给侧推进结构性改革。

以供给侧结构性改革引领新常态

如果经济增长的减速是需求侧因素所造成，借助宏观经济学家习惯使用的国民经济恒等式即 $Y=C+I+G+(E-M)$，或所谓“三驾马车”分析方法，期冀从中寻找应对的政策路径和政策工具，不无道理也会有所助益。然而，既然中国经济当前面临的减速是供给侧因素所造成，固然仍然应该研究和注重需求因素，但是总体而言应该放弃从这种分析框架中寻找答案的做法。相反，应该从生产函数｛ $Y=A*F(K,L)=K^{\alpha}*(AL)^{1-\alpha}$ ｝入手进行分析。在这个公式中，Y 代表产出或GDP，K 和 L 分别代表资本和劳动要素（还可以把其他生产要素如人力资本等包括进去），A 则代表技术进步或全要素生产率。

经济周期理论解释减速的一个关注点，是企业和投资者的投资意愿过低，导致宏观经济有效需求不足。例如，针对发达国家和世界经济的增长难题，在莱因哈特和罗戈夫（Reinhart and Rogoff, 2010）看来，是由于过度的债务累积以及随之而来的去杠杆化。与此呼应，辜朝明（Koo, 2008）在微观层面上揭示了，资产泡沫破灭后企业改变了经营行为，不再追求利润最大化而是急于修复资产负债表，因而拒绝借贷。萨默斯（Summers, 2016）归纳了一些在西方国家具有影响力的观点，如伯南克强调新兴市场经济体抛撒现金导致过度储蓄，克鲁格曼则以凯恩斯的流动性陷阱来解说等等。而萨默斯（Summers, 2016）本人，则是把问题归咎为过低的“中性”实际利率，因此传统货币政策无法予以解套。总之，上述观点固然不尽相同，但是有一个共同之处，即都是从需求侧和周期的角度解释投资低迷和经济减速。

中国经济增长减速也表现为投资意愿下降，但是，原因却与上述任何一种解说都不相干，而需要从供给侧因素中寻找答案。生产要素供给能力和生产率提高速度或技术进步率，从供给侧决定了一个经济体的潜在增长率。因此，供给侧结构性改革的针对性和目标，就是通过消除生产要素供给能力和配置效率以及全要素生产率提高的体制性障碍，消除经济运行中不平衡、不协调、不可持续的因素，一方面挖掘传统增长动能的潜力，另一方面开启新的可持续增长动能。可见，供给侧结构性改革是经济发展新常态这个大逻辑下的必然选择。

潜在增长能力减弱进而导致实际增长率降低，直接的表现是随着出现资本报酬递减现象，投资回报率下降，致使企业家和投资者在实体经济中投资扩张的意愿下降，从而总产出不再能够按照既往的增长速度扩大。因此，结构性改革应该围绕投资回报率下降这一供给侧因素，以相关领域的改革为着力点加以实质性推进。

首先，消除劳动力供给和配置的体制性障碍，挖掘劳动力供给潜力。以西方经验为基础形成的新古典增长理论，其核心假设是劳动力供给是有限的，因此会遭遇资本报酬递减现象。而中国二元经济发展阶段的经验表明，如果劳动力供给充足，则可以打破这个资本报酬递减律，在一定时期保持较高的投资回报率。由于 15 ～ 59 岁劳动年龄人口已于 2011 年以来处于负增长，同年龄段的经济活动人口也将于 2018 年开始负增长，增加劳动力供给不再能够依靠总量，而应该着眼于有效配置和提高劳动参与率。因此，按照资源配置效率原则，无论是促进劳动力继续从农村向城市转移，还是推动劳动力在行业间和企业间流动，都可以达到提高劳动参与率的效果，事实上增加劳动力供给和改善配置效率，从而缓解资本报酬递减现象。

其次，人力资本不敷所需也是资本报酬递减的一个重要原因。人口年龄结构变化对新成长劳动力的影响，并非只是劳动者数量还包括人力资本，也就是说，新成长劳动力的减少同时意味着人力资本增量的减少。事实上，把初中、高中、大学本专科和研究生毕业未升学人数加总，就是每年的新成长劳动力，2012 年已经达到峰值，此后逐年减少。与此同时，以各级毕业生平均受教育年限为权重计算的新增人力资本总量，则于 2013 年达到峰值，随后进入递减阶段。在资本加快替代劳动的同时人力资本改善速度放慢，必然对资本报酬率和全要素生产率产生不利的影响。因此，从教育和培训体制入手进行改革，也将对潜在增长率从而保持中高速增长做出显著的贡献。

第三，经济运行中不平衡、不协调、不可持续因素与投资回报率互为因果。经济发展中的这些长期存在的痼疾，在当前的主要表现就是高杠杆率、过量房地产库存、产能过剩、僵尸企业的积累，以及存在明显短板。而这些现象意味着资本、劳动和土地等要素的扭曲性配置，最突出的弊端就是降低了配置效率从而减慢了全要素生产率的提高速度。因此，从建立新的资源配置体制机制入手，而不是单纯着眼于满足数量指标进行“三去一补”和处置僵尸企业，可以在消化以往刺激性政策不良后果的同时，形成对市场起决定性作用、有利于提高资本回报率的资源配置体制机制。

最后，上述结构性改革旨在矫正资源配置中的扭曲，形成创新发展的政策环境和激励机制，将表现在全要素生产率的提高上，形成长期可持续的增长源泉。全要素生产率的提高主要有两个来源，即资源重新配置和技术进步。在劳动力从农业到非农产业大规模转移潜力式微的情况下，生产要素在行业间和企业间的重新配置，将成为主要的资源配置效率源泉。成熟市场经济国家的经验表明，通过企业的进入与退出、生存与死亡这种创造性破坏机制进行的资源重新配置，对全要素生产率提高的贡献高达 1/3 到 1/2（Foster et al., 2008）。因此，前述具有明确目标的改革，终究要通过提高资源配置效率和建立政策环境和体制机制，直接或间接提高全要素生产率。

党的十八大以来，特别是党的十八届三中全会、五中全会全面部署的经济体制改革任务，已经取得明显的进展。与此同时，也有一些改革领域有所推进但尚未取得突破性进展，甚至有些方面的改革推而不动，距离五中全会提出的到2020年“十三五”收官之时“各方面制度更加成熟更加定型”要求，尚有较大的差距。为什么取得共识并做出决策部署的改革任务，其中一些迄今进度不尽如人意呢？我们可以从以下三个方面观察，以更好把握为了实质性推动供给侧结构性改革，哪些方面的认识有待澄清，怎样的障碍急需克服，什么样的情形必须避免。

第一，结构性改革不是经济增长的替代物，而是可以获得实实在在的改革红利这个道理，尚未被普遍且真切地认识到，因而改革激励不充分。很久以来，国内外都存在着一个观点，即以为改革与增长具有非此即彼或者此消彼长的关系，最好的认识也是希望牺牲一点速度，以便取得改革的突破。有鉴于此，对一个高度关注经济增长速度的政府部门或地方政府来说，需求侧的刺激性政策通常在实施手段上是有形的，实施效果也可以是迅速、及时的，并且具有与政策手段的对应性。相反，对于供给侧结构性改革来说，政策手段似乎看不见摸不着，而且政策手段与效果之间没有清晰和确定的一一对应关系。

第二，没有按照恰当的标准界定好不同级别政府间的改革责任，因而尚未形成合理的改革成本分担机制和改革红利分享预期，造成改革的激励不相容。即使当事者可以了解到改革能够带来真金白银的收益，由于承担改革成本的主体和享受改革红利的主体并不一致，成本分担与收益分享分量不对称，因此，一些部门和地方往往产生等待观望的心态和行为。虽然在任何国家推进结构性改革，都需要为实现激励相容而进行必要的说服工作和做出特定的制度安排（拉古拉迈•拉詹，2016），在中国当前的一些改革领域，如户籍制度改革等，向改革当事人揭示改革红利的客观存在，使其对改革成本分担和改革红利共享形成合理预期，是改革得以及时推进的关键所在。

第三，在存在前述两种认识障碍的情况下，有些领域的改革举措有可能被回避、延缓、走样或者变形，以致或多或少偏离中央顶层设计的初衷、时间表和路线图。这一类表现包括：（1）在供给侧结构性改革方案和需求侧刺激方案之间，偏向于选择易于入手的后者，甚至形成对刺激政策的依赖，推迟了改革的时机；（2）仅仅以完成指标为导向，而不是立足于体制机制的调整与完善来推进改革工作，这样做的结果可能是，即使旧的存量问题得到了一定程度的解决，体制机制仍会制造出新的问题增量，治标不治本；（3）改革中偏向于避重就轻，甚至把一般性、常规性管理工作当作改革举措，结果由于规避了对既得利益的触动而保持旧的格局，未能根本实现体制和机制的转变。

以新常态超越世界经济“新平庸”

中国在高速增长时期，恰逢西方国家和新兴经济体的黄金增长期，以及由此释放出有效需求带来的经济全球化，对外开放特别是加入世界贸易组织让中国尽享改革开放红利。世界金融危机以来，西方国家黄金增长期结束，全球经济日渐进入如国际货币基金组织总干事拉加德所形容的"新平庸"，经济全球化也遭遇挫折。从这个意义上，虽然不应该认为中国经济减速是受到世界经济和贸易低迷的外部冲击，也需要看到，中国经济发展的外部环境的确有所恶化。但是，中国经济增长减速，总体上是平行于世界经济格局变化，经济发展进入新常态的表现。因此，一方面，中国经济保持中高速增长，希望但并不依赖于世界经济增长的复苏；另一方面，推动供给侧结构性改革可以开启经济增长新动能，以中国经济发展的新常态超越世界经济新平庸。

一些学者囿于对中国国情和既有优势缺乏了解，特别是不懂得中国经济通过结构性改革可能赢得改革红利，从而提高潜在增长率，保持中高速增长的巨大潜力，把从只见森林不见树木的多国、长期面板数据得出的结果，拿来判断和预测中国经济前景，倾向于低估中国未来的经济增长速度[1]。这类研究包括，萨默斯等（Pritchett and Summers, 2014）仅凭一个所谓"回归到均值"的统计规律，就预测中国经济增长率在2013—2023年期间降低到5.01%，2023—2033年期间降低到3.38%；巴罗（Barro, 2016）则以中国不

1. 对此类研究的批评性评论，可参见蔡昉（2016）。

可能永远作为 2% 这个“趋同铁律”的例外为依据，预测中国经济增长率很快将下降为 3% ～ 4%。

我们的一项研究表明，即便没有额外的刺激和新的改革措施，按照潜在增长率的自然下降趋势，也仍然可以在较长时间里保持中国经济以中高速或者中速增长。更重要的是，通过消除生产要素供给和配置以及全要素生产率障碍改善的体制潜力是巨大的，结构性改革必然带来改革红利。一旦真正理解了新常态，认识到改革红利的存在就是顺理成章的了，进而通过在改革当事人之间、在不同社会群体之间、在短期和长期之间合理分担改革成本和分享改革收益，确保改革不走样、不变形，改革红利将长期支撑中国经济的合理增长，以中国经济的新常态超越世界经济的“新平庸”。

着眼于中国经济发展新常态以及其面临的挑战与改革任务，我们（Cai and Lu, 2016）分别对户籍制度改革、教育和培训制度改革、延迟退休年龄、减轻企业税负的效果做出假设，即这些方面的改革对于劳动参与率、人力资本和全要素生产率可以产生的正面影响。同时，将上述效果与不同深度的生育政策调整（从而形成不同的生育率水平情景）相匹配，模拟中国经济潜在增长率的未来情景，更多的改革与较少的改革之间潜在增长率差异，就是结构性改革红利。从图 3 显示的模拟结果可见，不同力度的结构性改革，分别可以获得不同数量水平的改革红利（即额外的潜在增长率）。

图 3 供给侧结构性改革红利模拟

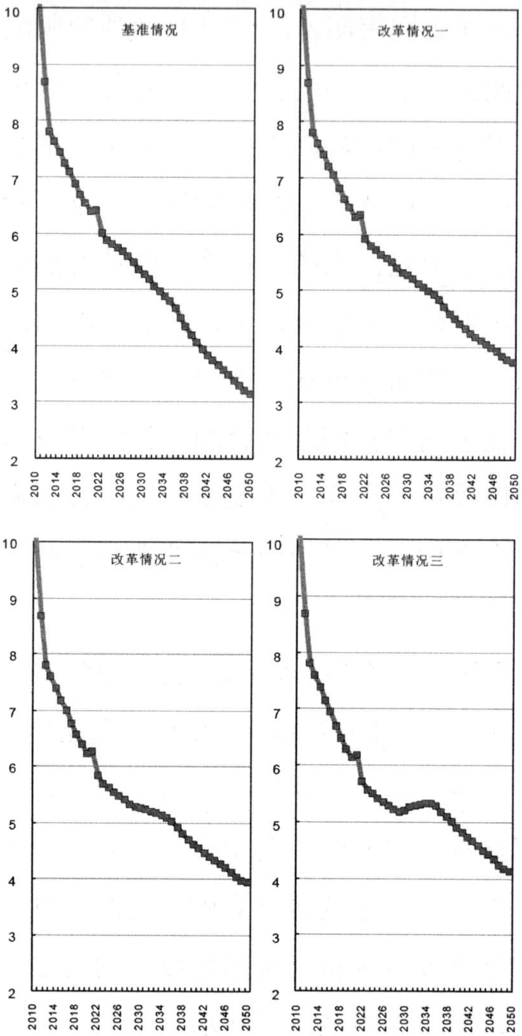

资料来源：Cai and Lu (2013)

同时，图 3 也清晰地显示，从供给侧因素和潜在改革红利角度观察中国经济的长期增长趋势，一方面，按照新常态的逻辑，我们的确不应该期冀一个与周期因素相关的

V 字形复苏结果；另一方面，与没有明显改革举措的“基准情景”相比，部署的改革越是深入进行，越是能够对劳动参与率、人力资本和全要素生产率产生显著的正面影响。因而，潜在增长率的长期变化轨迹越是接近于 L 字形。

根据世界银行数据及当年的收入分组标准，2014 年中国人均 GNI 为 7400 美元，位于中等偏上收入国家的行列。以此为基点，我们可以根据图 3 中显示的“改革情景三”中模拟的潜在增长率减去预测的人口自然增长率，可以预计中国人均 GDP（或 GNI）的提高，并揭示出几个重要的时间节点[2]。根据这个预测，按照 2014 年不变价格（从而也是可比的世界银行分组标准），2022 年中国人均 GNI 为 12600 美元，达到中等偏上收入组与高收入组的分界水平，标志着中国初步跨越中等收入阶段；2030 年为 19007 美元，中国得以稳固高收入国家的地位，可以说成功避免了中等收入陷阱；2040 年达到 32162 美元，已经十分接近高收入国家的平均收入水平（37000 美元）；2050 年则可以达到 51900 美元，稳居高水平的高收入国家地位。这也意味着，第二个“一百年目标”的实现，届时可以真正落实在国力和民生的提高上面。

2. 这里依据的人口预测是假设生育政策调整导致总和生育率上升，使其在 2017 年就达到 1.94，此后逐步下降并稳定在 1.71。需要指出的是，这个生育率提高的假设或许过于乐观，但是也值得通过更广义的政策调整，即为家庭提供更多基本公共服务以形成较大的生育激励，去争取达到。

作者：

蔡昉，现任中国社会科学院学部委员、副院长。主编《劳动经济研究》杂志；兼任国家“十三五”规划专家委员会委员。主要从事中国经济发展与改革、劳动与就业等领域。近年著有《从人口红利到改革红利》专著等。

参考文献：

1. 安格斯•麦迪森，2003，《世界经济千年史》，北京大学出版社。
2. 安格斯•麦迪森，2009，《世界经济千年统计》，北京大学出版社。
3. 蔡昉，2015，《宏观经济政策如何促进更多更好就业？——问题、证据和政策选择》，《劳动经济研究》第 3 期。
4. 蔡昉，2016，《认识中国经济减速的供给侧视角》，《经济学动态》第 4 期。
5. 国家统计局，历年，《中国统计年鉴》，中国统计出版社。
6. 拉古拉迈•拉詹，2016，《结构性改革为何如此困难》，《比较》第 2 辑。
7. 拉斯•特维德，2008，《逃不开的经济周期》，中信出版社。
8. 彭慕兰，2003，《大分流——欧洲、中国及世界经济的发展》，江苏人民出版社。
9. Barro, Robert J. 2016. Economic Growth and Convergence, Applied Especially to China, *NBER Working Paper*, No. 21872.
10. Cai, Fang and Yang, Lu. 2013.The End of China's Demographic Dividend: the Perspective of Potential GDP Growth, in Garnaut, Ross, Fang Cai and Ligang Song (eds) China: *A New Model for Growth and Development*, ANU E Press, Canberra, pp 55-74.
11. Cai, Fang and Zhao Wen. 2012. When Demographic Dividend Disappears: Growth Sustainability of China, in Aoki, Masahiko and Jinglian Wu (eds) *The Chinese Economy: a New Transition*, Palgrave Macmillan, Basingstoke.
12. Foster, Lucia, John Haltiwanger, and Chad Syverson. 2008. Reallocation, Firm Turnover, and Efficiency: Selection on Productivity or Profitability? *American Economic Review*, Vol. 98, No.1, pp. 394-425.
13. Koo, Richard C. 2008. *The Holy Grail of Macroeconomics: Lessons from Japan's Great Recession*, John Wiley & Sons.
14. Maddison, Angus. 2007. *Contours of the World Economy, 1-2030 AD, Essays in Macro-Economic History*, Oxford University Press.
15. Pritchett, Lant and Lawrence H. Summers. 2014. Asiaphoria Meets Regression to the Mean, *NBER Working Paper*, No. 20573.
16. Reinhart, Carmen and Kenneth S. Rogoff. 2010. Growth in a Time of Debt, *American Economic Review*, American Economic Association, Vol. 100(2), pp. 573-578.
17. Spence, Michael. 2011. *The Next Convergence: The Future of Economic Growth in a Multispeed World*, Farrar Straus and Giroux.
18. Summers, Lawrence H. 2016. The Age of Secular Stagnation: What It Is and What to Do About It, *Foreign Affaires*, Vol. 95, No. 2, pp. 2-9.

19. Temple, Robert K. G. 2007. *The Genius of China: 3000 Years of Science, Discovery, and Invention*, London: Carlton Publishing Group.

货币金融体系

CA

国际货币体系改革与 SDR

张　涛

陶坤玉

胡志浩

导言

现行牙买加国际货币体系已经运行了40多年，支持了全球经济的增长，但也表现出许多不稳定的特征。为了适应不断变化的国际经济金融形势，国际货币体系也在不断调整，特别是2008年全球金融危机之后，在G20的推动下，国际货币体系进行了一系列的改革。改进使用特别提款权（Special Drawing Rights，简称SDR）作为改革的核心议题之一，引发了全球的关注与响应。SDR作为国际货币基金组织（IMF）创设的一种用于补充成员国官方储备的国际储备资产，对国际流动性的补充起到了一定的积极作用。人民币加入SDR既是人民币国际化的机遇窗口，也是国际货币体系改革的重要里程碑。本文首先回顾国际货币体系的历史演变与特点；其次介绍2008年金融危机后，国际货币体系以及SDR的使用在G20推动下的相关改革；最后结合G20杭州峰会，重点分析人民币加入SDR的意义，以及如何利用SDR推进国际货币体系改革的路径和相应配套措施。

国际货币体系的历史演变

1. 金本位制度与布雷顿森林体系的特点

国际货币体系一般是指各国为了解决国际经济交往中对于国际货币（即国际支付手段、国际定价机制和国际储备资产）的需要，对涉及国际货币流通的各个方面，包括国际支付原则和汇率制度、国际收支的调节机制、国际储备供应与管理等，在国际范围内做出的制度性安排（Daniel and Van Hoose, 2005）。一个完备和稳定的国际货币体系应该具备三个方面的功能：确定国际储备货币、平衡国际收支与调节国际资本流动及流动性。

历史上经历过三个时期的国际货币体系，分别是盛行于 1870—1914 以及两次世界大战期间的国际金本位制度，1944—1973 年间的布雷顿森林体系以及 1976 年以来的牙买加货币体系。

金本位制度起源于黄金作为交换媒介、价值尺度和贮藏手段的功能，在 1870 至第一次世界大战期间发展到顶峰。金本位制度实际上是一种固定汇率制度，所有的国家采用同一种通用的货币，即黄金。各国货币之间的汇率由他们各自的含金量之比决定，同时，黄金也作为唯一的国际储备资产。金本位体系具有内在的对称性与稳定性，价格—铸币流动机制发挥着自动调节国际收支的功能。如果一国出现了国际收支逆差，意味着黄金流出，降低了本国的货币供应，本国物价水平随之下降，一方面降低了本国的名义收入，另一方面引起国内外居民增加对该国产品的消费，使得该国出口上升，进口下降，自动平衡了国际收支的逆差，反之亦然。但是，黄金供应和储备的有限性与不平均性限制了各国货币政策调控经济的能力，黄金产量及其价格的波动也会使得价格产生显著波动，随着技术进步与支付要求的提升，金本位制度在两次世界大战中经过一系列的变形与退化，最终于 1944 年被布雷顿森林体系所取代。

1944 年夏天，在美国新罕布什尔州的布雷顿森林小镇召开了 44 国参加的联合国国际货币金融会议，创办了国际货币基金组织和世界银行，建立了以美元为中心、以黄金和美元作为国际本位货币[1]的“布雷顿森林”体系。其汇率制度安排主要是“双挂钩”：美元与黄金挂钩，兑换比率为 35 美元兑 1 盎司黄金；成员国货币与美元挂钩，按照各自的法定含金量确定兑换比率，并且各国都有维持其汇率稳定的义务，因此也是固定汇率制。布雷顿森林体系下，美元作为支付手段与计价单位，同时充当了国际储备货币。美联储不仅要保持美元按照官方比率兑换黄金，维持成员国对美元的信心，还要能够为世界提供足够的美元作为国际清偿手段。美元身份的这种双重性也被称作“特里芬两

1. 本位货币是一国货币制度所规定的标准货币，作为价值衡量的标准以及经济交易的最终清偿手段，具有无限法偿的能力。国际本位货币指的是在国际上占据中心地位的自由可兑换的货币，其中心地位体现在一般充当国际商品的价值尺度，并作为各种货币汇率计算的中心。本位货币一般是国际储备货币，但国际储备货币不一定具有中心地位，因此不一定是本位货币。

难”，由美国经济学家特里芬教授于20世纪60年代提出。他进一步指出随着时间的推移，各国对美元储备的需求会不断上升，到一定时期外国持有的美元储备可能会超出美国持有的黄金储备，出现全球对美元的信心危机，从而引发整个体系的瓦解。解决之道是让国际货币基金组织发行一种世界货币，以供各国中央银行作为储备和支付清算之用。这种想法也成为IMF设立特别提款权的初衷。60年代到70年代初期，伴随着三次美元危机，尼克松于1971年将美元与黄金脱钩，美元持续贬值，投资冲击接连不断，1973年大多数欧洲国家与日本宣布其货币兑美元采用灵活汇率，布雷顿森林体系正式解体。

2. 现行国际货币体系的特征与缺陷

1976年1月，IMF的100多个成员国在牙买加首都金斯敦达成了修改国际货币基金组织条款的协议，即牙买加协议。从此，国际货币体系迈入牙买加体系时代。从国际货币体系的三大功能看，牙买加体系的特征体现为：第一，放弃布雷顿森林体系下的固定汇率，各国可以自由选择汇率制度安排；第二，储备体系由布雷顿森林体系中单一美元逐步演变为多元的储备体系；第三，对于国际收支的政策调节手段更加丰富与灵活。

现行国际货币体系已经运行了40多年，支持了全球经济的增长，但是也表现出许多不稳定的特征，例如频繁爆发的货币危机与金融危机、持续性的全球国际收支失衡、汇率失调、过度的资本流动以及激增的外汇储备积累，究其原因，主要有以下几方面：

（1）美元仍然处于全球货币的本位与核心，无法实际解决“特里芬两难”

现行国际货币体系下，各国官方持有外汇储备的币种主要为美元、欧元、英镑和日元，其中美元仍然占到2/3左右。一方面，美元仍然是最主要的国际计价单位、支付手段和国际价值储藏工具，这在事实上并没有解决布雷顿森林体系下美元双重身份所带来的特里芬两难。美国通过日益扩大的经常项目的逆差输出美元流动性，但国际收支逆差的持续扩张，最终难以避免国际投资者对美元的信心产生动摇。另一方面，国际货币发行国与储备国之间的不平等也加剧了货币体系的不稳定性。例如，作为体系外围的大多数发展中国家积累了大量的美元储备，这在经历过1997年金融危机的亚洲表现得尤其突出。亚洲的外汇储备总量从1996年的8000多亿美元增加到2014年的7.47万亿美元，占到全球外汇储备的2/3。随着外汇储备的增长，储备货币的持有者与发行者的风险同时增加：持有者担心储备货币贬值缩水，发行者则担心由于持有者的信心丧失而造成国内经济的巨大调整，这都增加了整个国际货币体系的潜在风险。

（2）政策调节的灵活性无法平衡各国利益最大化与全

球稳定之间的矛盾

在现行国际货币体系下，成员国能够利用的政策选择非常多，包括汇率机制、利率机制、国内经济政策、IMF 的援助、国际金融市场借款、国际商业银行信贷及国际之间的货币合作等，各国根据各自国际收支不平衡的状况进行选择，采用对本国而言成本最小及效率最高的调节方式。也就是说，各国政府大都将国内经济目标放在首位，甚至是唯一考虑。全球经济的稳定和国际收支平衡能否实现，并没有机制保障。事实上，从 20 世纪 70 年代以来，货币危机的频率越来越高，包括八九十年代的两次拉美债务危机、九十年代后期的亚洲金融危机，以及新世纪以来的美国次贷危机和欧洲债务危机所代表的全球金融危机。

（3）缺乏全球流动性调控的有效机制与资本流动监管的全球框架

国际货币体系除了协调汇率与国际收支，另一个主要的功能体现为为全球提供必要的流动性并对其进行有效调节。随着全球化的深入，跨境资本流动越来越频繁，金融周期的幅度与持续时间也在不断增加，现有国际货币体系对于全球流动性的支持不够充足与有效（IMF, 2011; 2016）。在 2008 年金融危机前，全球缺少相应的机制，尤其是在美元主导本质下，美联储更是无法平衡其国内目标，完成作为全球最后贷款人的职责。在金融危机后，各国在 IMF 与 G20 的框架下对建立全球金融安全网达成共识，主要通过各国央行、货币当局的货币安排与合作完善最后贷款人、审慎监管与存款保险制度，但是目前的规模与有效性还不足。

除了以上三方面的缺陷，现有国际货币体系的内在矛盾还体现为制度的不平衡性，IMF组织代表性的不对称等。因此，总体而言，目前的国际货币体系严重依赖单一主权储备货币，无法解决特里芬难题，无法有效地调整国际收支的失衡，也无法以系统的方式为全球提供足够的流动性，更无法实现全球经济持续稳定平衡的增长。

改革现行国际货币体系

虽然牙买加货币体系的基本框架未曾改变，但是40多年以来，国际货币体系也在不断调整，以适应不断变化的国际经济金融形势。特别是2008年全球金融危机之后，在G20的推动下，国际货币体系也进行了一系列的改革。

1. 改革国际金融组织的治理结构

G20对于国际金融机构的改革主要体现在促进了IMF和世界银行的改革，支持多边开发银行的设立与增资。G20从2009的伦敦峰会开始，逐步提出了对国际主要金融机构的改革建议，要增强他们的长期相关度、执行效力和合法性，并且使得其可以帮助管理危机并防范未来的危机。比如伦敦峰会共同宣言中提到要将 IMF 的可用资金提高两倍，并利用 IMF 已经同意出售的黄金储备的所得资金，为最贫困的国家提供优惠融资支持。在同一年的匹兹堡峰会上，G20 还提出了改革国际货币基金组织的职能、任务和治理，提出了份额改革计划，承诺将一部分份额（至少 5%）向新兴市场国家及发展中国家转移。同样地，G20 也在对于世界银行的改革建议中指出要引入动态机制，以反映各国不断变化的经济权重和世行发展目标，使得发展中国家和转型中国家的投票权至少增加 3%。在 2010 年 6 月的多伦多峰会上，G20 核准了世界银行理事会通过的发言权改革方案，重申了将持续推进 IMF 的份额和发言权改革，并表示将进一步完善多边开放银行的优惠贷款窗口，特别是支持大幅度增资国际开发协会和非洲开发基金。

接下来的几届峰会上仍然持续强调对于 IMF 的改革，比如，2011 戛纳峰会的上 G20 对于执行 IMF 份额与治理结构改革进行了重申；2012 年洛斯卡沃斯峰会上，G20 重申需兑现 2010 份额，并于 2013 年 1 月前完成全面份额公式的审查；2013 年会议上，G20 提出急需批准 2010 年 IMF 份额与治理改革方案，就份额公式达成一致，并于 2014 年 1 月前完成第 15 轮份额总检查。虽然历届 G20 峰会都对 IMF 的改革做出了明确指示，不过在执行方面由于美国方面迟迟不能决定而明显滞后，直到 2015 年底，美国国会才同意了 IMF2010 年份额与治理改革方案，2016 年 1 月，IMF 的《董事会改革修正案》正式生效，新兴市场国家增加了 6% 的 IMF 份额，中国的投票份额从 3.8% 提高至 6.071%，上升为全球第三位。

2. 完善全球监督框架

G20 在 2008 年金融危机之后，还加强了对于全球管理与监督框架的改善与推进，主要包括推进 IMF 监督框架的改善，倡议灵活汇率与避免竞争性贬值，增强对资本流动的监测与合理管理，改善国际主权债务重组有序性和可预测性等方面。

IMF 监督框架方面，传统的监督框架主要是针对成员国的汇率政策，但这无法保证全球经济与货币的稳定性，因此，在 G20 的推动下，2012 年 7 月 18 日，IMF 宣布推出新的举措以完善监督框架，将其对成员国的监督延伸至传统汇率政策以外，更加重视监督成员国国内的经济政策，包括财政、货币、金融市场等方面。

汇率方面，早在 2009 年的伦敦峰会上，G20 表示将取消货币贬值的“竞赛”，随后在 2011 的戛纳峰会上，G20 表明将构筑一个更由市场来决定的汇率系统，提升汇率的灵活度以体现经济的基本面状况，避免汇率长时间失准，限制通过低估币值来进行竞争。2012 年的洛斯卡沃斯峰会上，G20 强调应该增强汇率的灵活性，但需避免汇率无序变动对经济金融稳定的伤害，在随后几年的峰会中，G20

继续重申灵活汇率以及避免汇率的竞争性贬值，保证了全球金融秩序的稳定。

资本流动监测与管理方面，在美联储加息及融资环境整体收紧的背景下，各国以及国际金融机构普遍认为应改善对资本流动的监测、及早识别资本流动波动带来的影响。目前，越来越多的观点认为在资本流动管理方面，应关注宏观审慎政策的作用，包括使用宏观审慎措施和资本流动管理措施应对资本外流带来的金融稳定风险，资本流动管理措施的有效性，资本来源应发挥的作用，完善资本流动数据等；在资本流动自由化方面，应考虑在资本流动自由化进程中，什么情况下可以重新引入资本流动管理措施。2016 年 G20 杭州峰会的前期会议上，与会代表也普遍表示需要加强对资本流动的监测，改善对跨境风险的早期识别，重点考虑如何应对资本流动逆转以及资本流出突然加剧等问题。

主权债务重组与债务可持续性方面，欧债危机爆发后，在较多的发达国家与新兴市场国家也出现了主权债务问题并引发了全球关注，主要涉及集体行动条款等加强的合同方法、巴黎俱乐部扩员、GDP 挂钩债券、可持续融资、债务可持续性框架等问题。2015 年 G20 安塔利亚峰会公报提出，应进一步探索采用市场化方式加快将加强的集体行动条款和同权条款加入到存量主权债中。对中国而言，能否将新集体行动条款纳入外国官方部门在中国银行间债券市场发行的主权债券的适用范围值得关注。2016 年 7 月 1 日，韩国正式成为巴黎俱乐部第 21 个成员国，成为继俄罗斯后又一个巴黎俱乐部的新兴债权人。G20 各国还普遍关注债务可持续性，强调增长在提高债务可持续中的作用，支持进一步加强债权人和债务人在主权债券重组问题上的协调，以加强国际主权债务重组有序性和可预测性。

3. 建立全球金融安全网

G20 在 2010 年的多伦多峰会上指出其核心目标是建立一个更加稳定和更富韧性的国际货币体系，并首次提出了全球金融安全网的议程，强调应通过国际沟通与多边合作应对资本流动波动性和金融脆弱性，以防范危机蔓延。全球金融安全网是对于尽管遵循合理的经济与财政政策却面临资本流量快速减少的国家，提供全球流动性的一套安排，包括外汇储备、双边协议、地区贷款机制、多边安全合作等。在构建全球金融安全网的进程中，IMF 扮演着核心角色，主要目的是连接 IMF 贷款体系和区域金融安全网。在 2011 年戛纳峰会， G20 对国际货币体系改革的方面做了较为详细的安排与计划，强调增强代表性、稳定性和抗风险能力，表示将继续努力进一步增强全球金融安全网，支持 IMF 推出新的预防流动性额度（PLL），向面临外部冲击的具有稳固政策和基本面的国家提供依情形逐渐增加的、更为灵活的短期流动性。2015 年的安塔利亚峰会公报中，G20 确保将建立强有力的全球金融安全网，在大规模资本流动波动引发风险的背景下，通过合适的框架促进金融稳定。

4. 改进使用 SDR

（1）什么是 SDR?

当布雷顿森林体系日渐面临巨大的流动性压力时，十国集团（G10）早于 1963 年就指派一个专家组就新的储备货币问题开展研究。1965 年该小组首次提出集合储备单位（Collective Reserve Unit）这一概念。20 世纪 60 年代末的第二次美元危机爆发，促使 IMF 于 1969 年理事会正式通过储备货币方案，创设了 SDR。

SDR 是 IMF 创设的一种用于补充成员国官方储备的国际储备资产。SDR 既不是一种货币，也不是 IMF 的债务。出于补充国际储备不足而设立的 SDR，目前只能被各国货币当局或是 IMF 等相关国际机构[2]持有。各国货币当局可以通过两种途径将持有的 SDR 兑换成其他主权货币：第一，直接与其他参加国达成兑换协议，而无须征得 IMF 批准；第二，可向 IMF 申请，在 SDR 账户下由 IMF 协调其他参加国兑换为可自由使用的外汇。同时，参加国还可以申请以 SDR 实缴自身在 IMF 的份额，但 IMF 仍会将这些 SDR

2. IMF 的相关条款为除了 IMF 之外的 BIS、ECB 和区域性发展银行使用 SDR 提供了制度上的支持。IMF 并不能够直接分配配额给国际组织，但各组织可通过 SDR 账户的相互转移和使用获取 SDR 份额。

向其他参加国兑换成可自由使用的主权货币，转入申请国在 IMF 的储备头寸中。另外，参加国也可以用 SDR 偿还所欠 IMF 或其他国际金融机构的债务（IMF, 2015）。

对比货币的计价、支付和储值等基本功能，SDR 的类货币功能几乎都需要依托某一主权货币来完成。虽然不是货币，但 SDR 的精巧设计对国际流动性的补充起到了积极的作用。

（2）SDR 的货币篮子及其定值

1969 年创立时，SDR 直接同美元挂钩，1 单位 SDR 等值 1 美元。1973 年布雷顿森林体系解体后，SDR 的价值开始由一篮子货币决定。SDR 的篮子货币最初有 16 种货币。1980 年，IMF 将 SDR 货币篮子确定为 5 种：美元、英镑、日元、德国马克和法郎；2001 年，欧元取代德国马克与法郎，其他的货币种类不变。

IMF 每五年召开一次会议，确定 SDR 定价货币篮子中各类货币的相对比重，依据宗旨是长期提升 SDR 作为储备资产的地位。从 2000 开始，IMF 不再将经贸体量作为 SDR 入选篮子货币的唯一标准，候选国货币在金融市场的使用广度和深度亦是考虑指标。2015 年 IMF 采用新的综合金融指标衡量候选国：全球其他成员国（或货币联盟）官方储备资产中持有该货币的情况，该货币的外汇交易量，该币种的国际银行负债总额以及以该货币发行的国际债券，各个部分在指标计量中的占比相等。IMF 于 2015 年 11 月 30

日宣布，人民币将于2016年10月正式作为第5种货币加入到SDR货币篮子，以促进国际经济、贸易和金融活动的发展。下次有关SDR货币篮子的IMF执行委员会例会将于2021年9月30日召开。

（3）SDR作为计价单位或汇率锚

作为创设机构，IMF自然会将SDR作为计价单位。到21世纪初，国际清算银行、非洲开发银行、亚洲开发银行、伊斯兰开发银行等十余家国际机构已将SDR作为账户管理的计价单位。除国际组织以外，日本贸易振兴机构（JETO）还将SDR作为国际援助的计价单位。新西兰储备银行已将SDR作为本国国际储备的报告单位。

同时，一些国际法事务中也使用SDR作为计价单位，例如海事赔偿责任限制公约和蒙特利尔公约中都有SDR作为计价单位的实际运用。

SDR一度成为少数国家货币汇率的定值锚，这一安排有利于非关键货币国摆脱对单一货币定值所带来的货币政策独立性的丧失。但随着全球汇率制度更倾向于弹性安排，汇率盯住SDR的实践国也在减少。

（4）SDR在全球外汇储备中的相对地位

20世纪70年代初的第一次SDR分配完毕后，SDR占全球总外汇储备的比重最高于1972年初达到7.1%，随后一路下滑到1978年末的3.3%。1979年开始的第二次SDR分配让SDR的全球外汇储备占比再次提升到1982年中旬的 6.1%，随后持续下降，到 2009 年 7 月，这一比例已降至 0.7%。2009 年的第三次分配，使得 SDR 在全球储备中的占比迅速跃升至 3.9%，但占比随后再次下降的趋势并未改变。到 2016 年第一季度末，这一占比已降为 2.5%（参见图 1）。布雷顿森林体系之后，浮动汇率制度、经济全球化程度不断加深使得国际储备资产迅速增长，而 SDR 的总量增长却无法适应全球储备资产的内生性增长需求，主权国家货币在国际储备体系中扮演的角色反而越来越重要。

图 1 SDR 在全球国际储备中的占比
（单位：%）

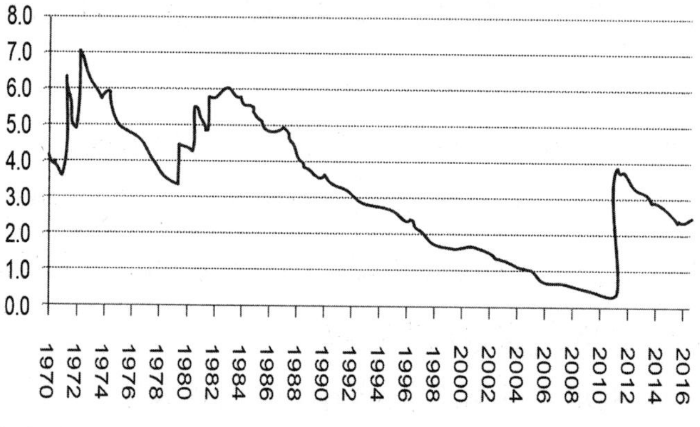

数据来源：IMF 数据库

G20 杭州峰会：人民币加入 SDR 与国际货币体系改革

G20 关注 SDR 和国际货币体系改革的力度随着金融危机变得日益频繁而不断增加。在 2009 年的伦敦峰会上，G20 提出应该进行新的一轮 SDR 增发，向世界提供 2500 亿美元以增加全球流动性，IMF 于当年增发了 1826 亿单位的 SDR，根据每个成员国在 IMF 的份额分配给各成员国。2011 的戛纳峰会上，G20 表示 SDR 篮子货币的组成应继续体现各种货币在全球交易和金融系统中所扮演的角色，SDR 组成的评估应基于现有标准，并要求 IMF 进一步阐明这些标准，应该在 2015 年甚至更早时进行再评估。2015 的安塔利亚峰会上，G20 再次重申对于 SDR 货币篮子的评估，并期待完成对 SDR 估值方法的审议工作。G20 杭州峰会表示，欢迎人民币于 2016 年 10 月 1 日被纳入 SDR 篮子，支持正在进行的在扩大 SDR 使用方面的研究。

1. 人民币加入 SDR 意味着什么？

IMF 在 2015 年底宣布人民币加入 SDR 货币篮子的消息掀起了一股“SDR 热”。这既是人民币国际化的机遇窗口，也是国际货币体系改革的重要里程碑。

（1）对于人民币国际化的机遇与挑战

人民币加入 SDR 预示着中国经济实力与改革成果得到了 IMF 与国际社会的肯定，是人民币国际化的机遇窗口，同时也意味着一定的挑战。人民币于 2016 年 10 月 1 日正式加入 SDR 货币篮子，其份额占到 10.92%，仅次于美元的 41.73% 和欧元的 30.93%，大于日元（8.33%）与英镑（8.09%）的份额。人民币加入 SDR 将通过倒逼国内改革与增强人民币的国际影响力两方面，进一步推动人民币国际化。一方面，国内的一系列金融改革提升了利率与汇率的市场化程度，有助于人民币在国际计价、国际结算以及投融资方面的使用；另一方面，人民币加入 SDR 货币篮子增加了人民币的国际公信力与信誉度，进一步鼓励各国央行与主权财富基金持有人民币计价的资产，从市场机制提升人民币作为储备货币的地位。

但需要认识到的是，货币国际化是一个长期过程，最终必须得到国际市场自发的普遍认同与自愿采纳，短期内借助 SDR 的深化使用来大幅提升人民币的影响并不现实。同时，人民币加入 SDR 也会对维持人民币汇率和中国金融市场的稳定提出更多的挑战。汇率方面，会进一步倒逼中国外汇市场的改革，因此给汇率波动带来较大的不确定性，影响国际资本流动与国际贸易，给国内经济带来汇率风险。利率方面，要求中国的利率更加市场化，给中国银行业带来了相应的风险，也对宏观调控提出挑战。系统性风险方面，要求资本项目的进一步开放。这可能引发短期跨境资本的更大规模与更高频率的流动，甚至出现资本流动的突然逆转，对中国经济带来较大的系统性风险。

（2）对于未来国际货币体系的意义

人民币加入SDR首先使得SDR的代表性得到显著增强。伴随着中国作为世界第一贸易大国与GDP排名第二的经济大国，人民币在国际经贸支付、计价、投融资以及储备货币方面的地位也在稳定上升。将人民币纳入SDR货币篮子使得SDR的GDP代表性超过全球60%，出口量占世界的比重接近90%，因此是保证SDR代表性的客观诉求。其次，人民币加入SDR将使得国际储备体系更加稳定。目前，全球主要的国际储备货币是美元、欧元、日元与英镑。但是由于金融危机、欧债危机以及这些国家宏观政策的局限性，其汇率的大幅波动都影响了储备货币体系的稳定性。正如中国人民银行行长周小川（2009）指出，“SDR具备超主权储备的特征与潜力”，人民币加入SDR会加大储备货币的稳定性。因此，从代表性与稳定性两方面，人民币加入SDR会进一步推动国际货币体系向更加稳定与更富韧性的方向改革与演变。

2. 通过SDR改革国际货币体系

（1）SDR对现有国际货币体系影响有限的原因

SDR的创设的确为国际流动性提供了有益的补充，但这一精致的设计并未对现有的国际货币体系产生实质性影响。原因如下：

第一，SDR不是一种货币，它所有功能的实现均需依托现有的关键货币。SDR是否充分发挥国际货币的职能，取决于能否保证在需要时，持有SDR的申请国能及时兑换到真正具有国际自由兑付功能的其他主权货币。目前最具广泛接受性的国际货币均被囊括在SDR货币篮子中，包括即将进入篮子的人民币，而这其中美元一直是最核心的货币。这一格局在未来很长的一段时期内都难以发生根本性的变化。因此，SDR汇率问题、利率问题从根本上被紧紧地附着在关键货币的运行上。主要世界货币的相对力量变化会在SDR篮子权重、定值、利率等问题上得到反映，国际货币体系格局的变化仍然取决于关键主权货币之间的相互关系。

第二，SDR的创设和分配不能满足国际货币内生性需求。作为一种补充性的储备资产，SDR从总量和结构分布上并不能与国际流动性的内生性需求保持一致。SDR总量的增加完全经由协商决定，数量上完全不具备信用货币的内生性扩张或收缩机制，且决策周期长。因此，国际储备扩张需求只能主要由其他主权货币来满足。另外，SDR的分配过程中，获得更多分配的国家往往是关键国际货币国家。它们对流动性补充的需求并不必依靠SDR这一工具，而渴望补充流动性的广大发展中国家却只能获得有限的分配。

第三，相应的基础设施不足。由于SDR功能的局限性，其配套基础设施也相对匮乏。一方面，目前SDR的利率由篮子货币的短期利率加权生成。由于SDR计值的金融资产十分有限，市场暂时还没有能反映SDR自身供需状况的收益率曲线。另一方面，SDR尚无完备的支付清算体系，加上私人尚不能持有SDR资产，官方也不能直接用SDR入市干预金融市场，使得SDR无法承担广泛的国际支付功能（Moghadam, R., 2011）。

（2）扩大SDR使用将有助于减轻储备货币发行国的负担

SDR是一篮子货币的综合，提高其可信度、扩大其使用有助于提高各国的风险管理以及相互之间合作的有效性。扩大SDR的作用显然能有利于完善国际货币体系。

近几十年全球外汇储备快速增长与世界经济增长、全球经济结构调整有关，同时也与当前无规则的牙买加体系密切相关，非关键货币国家贮存一定规模的储备资产，以期确保其自身在现有的国际货币体系中尽量保持主动性（Griffith—Jones and Kimmis, 2009）。扩大SDR使用，并使其更大范围地承担国际储备的职能，将有助于减轻储备货币发行国的负担，缓解“特里芬两难题”带来的困境。

（3）将SDR与IMF集中管理储备结合起来

如果IMF作为全球唯一以维护货币和金融稳定职责的国际机构，集中管理成员国的储备资产，这将比各国分散使用、各自为战更能有效地发挥储备资产的作用，对投机和市场恐慌起到更强的威慑，更利于国际金融体系的稳定。IMF对于成员国宏观经济政策具有评估和监督的权力，并且多年的成功运行使得IMF具备相当的专业水平，通过提供合理回报，IMF集中管理部分成员国外汇储备完全有可能实现。

IMF集中管理成员国储备，也将是推动SDR作为储备货币发挥更大作用的有力手段。IMF可以以市场化模式设立开放式基金，面向会员国发行以SDR计值的基金单位，会员国可以用现有储备货币自由认购，需要时再赎回所需的储备货币。IMF集中储备管理未来可以投资于SDR计值有价证券，从而扩大SDR市场本身的流动性。

（4）推行SDR作为统计报告货币的使用，并拓宽SDR在国际贸易、证券发行、资产计价中的使用

2016年4月起，中国人民银行已经将美元和SDR共同作为外汇储备的报告货币。以SDR作为外汇储备的报告货币，有助于降低主要国家汇率经常大幅波动引发的估值变动，更为客观反映外汇储备的综合价值，也有助于增强SDR作为记账单位的作用。应该鼓励更多的货币当局、国际机构甚至跨国公司积极使用SDR作为报告货币。

同时，积极推动在国际贸易、大宗商品定价和证券发行中使用SDR计价。不仅有利于加强SDR的作用，也能有效减少因使用主权储备货币计价而造成的资产价格波动及相关风险。

如果将石油和黄金换算成以SDR计价，虽然价格趋势没有发生改变，但价格变动的幅度明显变小（见图2、图3）。由SDR计价的石油和黄金的价格标准差明显低于由美元计

价的水平，由 SDR 计价的标准差与均值之比也显著低于以美元计价的水平（见表 1）。这表明资产组合的风险分散原理使得篮子货币计价的稳定性更优于单一货币。

图 2 分别以美元和 SDR 计价的石油价格
（单位：美元、SDR）

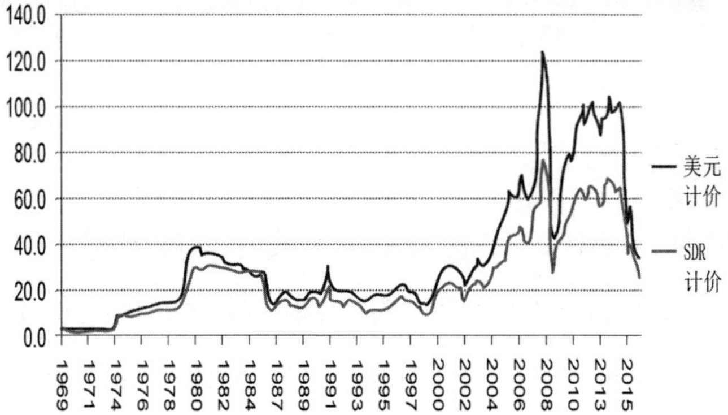

数据来源：西德克萨斯轻质原油季度末价格，价格转换按 SDR 对美元季度内平均比价计算

图 3 分别以美元和 SDR 计价的黄金价格
（单位：美元、SDR）

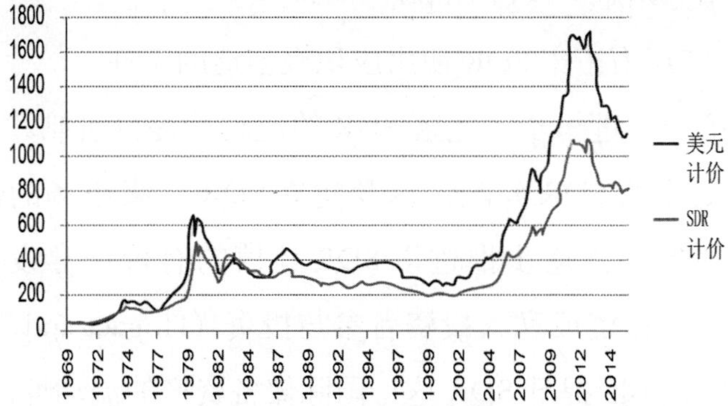

数据来源：伦敦黄金季度末价格，价格转换按 SDR 对美元季度内平均比价计算

表1 以美元和SDR计价的石油、黄金的价格特征（单位：美元、SDR）

	美元计价石油	SDR计价石油	美元计价黄金	SDR计价黄金
标准差	28.12	17.72	402.59	255.85
均值	34.09	24.46	488.76	350.68
标准差/均值	82.5%	72.4%	82.4%	73%

数据来源：IMF统计数据。西德克萨斯轻质原油季度末价格、伦敦黄金季度末价格，价格转换按SDR对美元季度内平均比价计算

另外，IMF、其他国际机构或是会员国都可以积极尝试发行SDR计值的有价证券。同时鼓励更多的货币当局、国际金融机构和跨国公司投资于SDR计值的金融资产，形成一个更具流动性的SDR市场。

SDR作为计值货币有利于加大其国际接受程度，如果能将SDR扩大到国际贸易往来和金融交易中，SDR就具备了更多的类货币职能。这有助于缓解国际货币体系面临的"特里芬两难"（Ocampo，2009）。

（5）为拓宽SDR使用应积极创造的条件

第一，进一步为完善SDR的流动性提供机制。包括探讨定期化的SDR分配，以及建立SDR二级市场的流动性补充机制。并逐步推进以SDR计值的有价证券发行，和鼓励主权投资或私人投资者参与投资（Hoguet and Tadesse，2010）。不断提升SDR这一国际储备资产的流动性。

第二，适时完善SDR的市场基础设施，在提升SDR市场流动性的基础上，形成SDR的收益率曲线，并相应建立起SDR的支付清算体系。

第三，建立一个由主要货币国货币当局高官和知名学者组成的高级顾问团队，对SDR发展中的重点问题进行专项咨询（Moghadam, R., 2011）。

作者：

张涛，现任中国人民银行副行长，经济学博士。曾任驻国际货币基金组织中国执行董事。

陶坤玉，2013年于北京大学国家发展研究院博士毕业，现任中央财经大学金融学院助理教授。

胡志浩，现任国家金融与发展实验室全球经济与金融研究中心主任。主要研究领域为国际金融市场、金融结构与金融发展。

参考文献：

1. 周小川，2009，《关于改革国际货币体系的思考》，中国人民银行网站。
2. Daniels, J., and Van Hoose, D. D. 2005. *International Monetary and Financial Economics*, third edition, South-Western/Thomson, p. 55.
3. Hoguet, G. and S. Tadesse. 2010. The Role of SDR-denominated Securities in Official and Private Portfolios, *BIS papers No. 58*.
4. International Monetary Fund. 2011. Strengthening the International Monetary System—Taking Stock and Looking Ahead, IMF Policy Paper, March 23, 2011.
5. International Monetary Fund. 2015. The Report of IMF Financial Operations， Washington DC.
6. International Monetary Fund. 2016. Strengthening the International Monetary System—A Stocktaking, IMF Policy Paper, March, 2016.
7. Jose Antonio Ocampo. 2010. Building an SDR-Based Global Reserve System, *Journal of Globalization and Development*.
8. Moghadam, R. 2011. Enhancing International Monetary Stability – A Role for the SDR?, Washington DC., IMF Strategy, Policy, and Review Department.
9. Stephany Griffith-Jones and Jenny Kimmis. 2009. The Role of the SDR in the International Financial System, Draft Paper.

绿色金融

马骏

导言

绿色金融（Green Finance）是指支持环境改善、应对气候变化和提升资源利用效率的金融活动。尽管各国对“绿色”的定义有所差异，但绿色投资通常包括环保、节能、清洁能源、清洁交通、清洁建筑等具有环境效益的项目。所谓绿色金融体系，是指通过贷款、私募投资、发行债券和股票、保险、碳金融等金融服务将社会资金引导到绿色产业发展中的一系列政策和制度安排。在中国，建立绿色金融体系的主要目的是提高绿色项目的投资回报率和融资的可获得性，同时抑制对污染性项目的投资。

2015年9月，在中共中央、国务院印发的《生态文明体制改革总体方案》中，中国首次明确了建立中国绿色金融体系的顶层设计。2016年3月，全国人大通过的《“十三五”规划纲要》明确提出要“建立绿色金融体系，发展绿色信贷、绿色债券，设立绿色发展基金”。

构建绿色金融体系已经上升为中国的国家战略。2015 年 12 月，在中国的倡议推动下，G20 绿色金融研究小组成立，开始研究如何通过绿色金融调动更多资源加快全球经济的绿色转型，推动绿色金融的国际合作。

本文的第一部分介绍了中国发展绿色金融的动因、近年的具体进展和在“十三五”期间构建绿色金融体系的政策框架。第二部分介绍了中国推动的 G20 绿色金融工作小组的进展情况，以及 G20 绿色金融综合报告的若干主要结论。

中国绿色金融体系

1. 发展绿色金融的必要性和紧迫性

许多国内外研究对中国环境污染问题的严重性进行了评估。2013 年，中国城市 PM2.5 的年均浓度为 65μg/m^3，许多北方城市的浓度在 100μg/m^3 以上，远超过世界卫生组织第二阶段标准（25μg/m^3）。中国有 82% 的人饮用浅井和江河水，其中水质污染超标的水源占 75%。中国耕种土地面积污染超标率达 19.4%。关于污染的经济成本，早在 2004 年，中国国家环境保护总局和国家统计局就在《中国绿色国民经济核算研究报告》中指出，利用污染损失法核算的总环境污染退化成本占当年全国 GDP 的 3.05%。亚洲开发银行和清华大学在 2013 年的研究报告中指出，中国空气污染每年造成的经济损失，基于疾病成本估算相当于国内生产总值的 1.2%，基于支付意愿估算则高达 3.8%。

我们的研究表明，中国严重的环境污染在很大程度上与高污染的产业结构、能源结构和交通结构有关。[1]比如，中国工业总产值占GDP比重约为40%，而重工业产值占GDP比重高达30%，这个比重是全球大国中最高的。不幸的是，重工业的单位产出能耗和由此带来的空气污染是服务业的9倍。中国煤炭占总能源消耗的比重高达67%，而给定同样的量，燃煤所导致的空气污染为天然气的10倍。中国城市居民出行方式中地铁占比只有7%，公路出行占比为93%，而研究表明私家车出行所导致的空气污染为地铁的10倍以上。

要实质性地改善中国的环境，不仅仅要依靠更强有力的末端治理措施，还必须采用一系列财税、金融等手段改变资源配置的激励机制，让经济结构、能源结构、交通结构变得更为清洁和绿色。在资源配置中，资金（即金融资源）配置的激励机制将发挥其关键作用。只要资金从污染性行业逐步退出，更多地投向绿色、环保行业，其他资源（包括土地、劳力）将随之优化配置。

多项研究估计，为实现中国环境部门预计的环境改善的目标，绿色产业在“十三五”期间每年至少需要3万～4万亿元的投资[2]。根据最近几年政府财政支出数据和财政收

1. 马骏、李治国等著：《PM2.5减排的经济政策》，中国经济出版社，2014年10月。
2. 据环保部规划院测算，“十三五”期间社会环保总投资应该达到17万亿元。根据中国环境与发展国际合作委员会绿色金融小组的估计，要落实目前已经制定的环境规划、计划和标准，在2014—2020年期间每年的绿色金融资金需求为2.1—4.3万亿元。国务院发展研究中心的一项研究表明，2015—2020年期间，中国每年的绿色投资需求将达到2.9万亿元。

入增长逐步减速的趋势，我们预计在未来全部绿色投资中，政府出资占比只能是 10% ～ 15%，社会资本投资比重必须占 85% ～ 90%[3]。在目前价格体系无法充分反映污染项目负外部性和绿色项目正外部性的情况下，如何抑制对污染性行业的过度投资，吸引足够的社会资金配置到绿色产业，用有限的政府资金撬动几倍、十几倍的社会资金发展绿色经济，是建设“生态文明制度”的一个关键环节，也是中国经济结构转型面临的一大挑战。

2014—2015 年，人民银行、相关部委和学界的有关专家在深入研究国际经验和总结本国实践的基础上，提出了构建中国绿色金融体系的一系列建议，得到了决策层的高度重视。专家们认为，应该构建一个绿色金融体系，通过贷款、私募投资、发行债券和股票、保险、碳金融等金融服务和相应的激励机制将更多的社会资金引导到环保、节能、清洁能源、清洁交通、清洁建筑等绿色产业，同时进一步完善约束机制，抑制对污染性行业的投资。

2. 近年来中国绿色金融的发展

中国的绿色金融业务在过去几年获得初步发展，一些绿色信贷、绿色保险、绿色证券等政策相继出台。比如，

3. 资料来源：绿色金融工作小组，《构建中国的绿色金融体系》，中国经济出版社，2014。

2007年7月，环保部、中国人民银行、银监会三部门联合发布了《关于落实环境保护政策法规防范信贷风险的意见》，它标志着中国绿色信贷制度的正式建立。2012年2月，银监会发布了《绿色信贷指引》，对银行业金融机构开展绿色信贷、大力促进节能减排和环境保护提出了明确要求。2015年9月，中共中央、国务院发布《生态文明体制改革总体方案》，首次提出建立中国绿色金融体系的战略。2016年3月，全国人大通过的《"十三五"规划纲要》正式提出，中国将"建立绿色金融体系，发展绿色信贷、绿色债券，设立绿色发展基金"。

近年来中国绿色金融的主要发展情况如下：

（1）绿色信贷。绿色信贷是指投向绿色项目、支持环境改善的贷款。自2007年以来，中国先后制定出台了一系列政策和文件，以鼓励和倡导金融机构积极开展绿色信贷。绿色信贷的体系框架由以下四部分组成：《绿色信贷指引》、《绿色信贷统计制度》、《绿色信贷考核评价体系》以及银行自身的绿色信贷政策。随着制度建设的完善，近几年，绿色信贷进入了全面发展阶段。2013年29家银行签署了《中国银行业绿色信贷共同承诺》，2014年银行业主要金融机构共同发起设立中国银行业协会绿色信贷业务专业委员会，2015年4月成立中国

金融学会绿色金融专业委员会。截止2015年末，中国绿色信贷余额达到7.01万亿元，比2014年末增长了

16.4%，2015 年末的绿色信贷余额占中国全部信贷余额的 10% 左右。

（2）绿色债券。绿色债券是募集资金专项支持绿色产业项目的一类债券。2015 年 12 月 22 日，中国人民银行发布第 39 号公告，在银行间债券市场推出绿色金融债券，为金融机构通过债券市场筹集资金支持绿色产业项目创新了筹资渠道。同日，中国金融学会绿色金融专业委员会发布了《绿色债券支持项目目录》，旨在为发行人提供绿色项目界定标准。根据该目录，符合绿债条件的绿色项目包括六大类和 31 小类。其中六大类包括：节能、污染防治、资源节约与循环利用、清洁交通、清洁能源、生态保护和适应气候变化。2016 年以来，中国绿色债券市场快速发展，前七个月绿色债券发行量达到约 1200 亿人民币，占全球同期发行量的 42%。中国已经成为世界上最大的绿色债券市场。

（3）绿色股票指数和相关产品。中国股票市场上的绿色环保指数主要分为三个大类：可持续发展指数 (ESG)、环保产业类指数和碳效率类指数。截至 2015 年 10 月，中证指数公司编制的绿色环保类指数约为 16 个，占其编制的 A 股市场指数总数 (约 800 个) 的 2%。2015 年 10 月 8 日，上海证券交易所和中证指数有限公司发布了上证 180 碳效率指数，这是中国首只通过计算碳足迹（碳强度）来评估公司绿色表现的指数，即碳强度越低，该上市公司的绿色程度就越高。

（4）绿色发展基金。绿色发展基金的特点在于将该基金资产总值的 60% 以上投资于绿色环保领域。2015 年 3 月 8 日，绿色丝绸之路股权投资基金在北京正式启动，基金首期募资 300 亿元。浙江省、广东省、云南省和内蒙古自治区等地方政府也设立了地方绿色发展基金，为节能环保企业提供融资。广东绿色产业投资基金于 2009 年设立，基金规模为 50 亿元人民币，总规模达到 250 亿元人民币，基金主要用于投入“广东省绿色照明示范城市”项目。除此以外，已有一些上市公司宣布设立环保并购基金。截至 2015 年 10 月，基金管理机构设立的以环保为主题的基金约有 32 只。其中，指数型基金 15 只，主动管理型基金 17 只。2016 年 1 月 13 日内蒙古自治区政府通过了《内蒙古环保基金设立方案》，标志着内蒙古环保基金正式成立。内蒙古环保基金由自治区政府引导性资金和 4 家合伙人企业共同发起，2016 年“环保母基金”40 亿元，按 1 ：5 吸收社会资本放大后，基金投资规模达 200 亿元。

（5）绿色保险。中国的绿色保险主要是指环境污染责任保险。环境污染责任保险是指以企业发生污染事故对第三者造成的损害依法应承担的赔偿责任为标的的保险。2014 年 4 月修订实施的《中华人民共和国环境保护法》明确提出鼓励投保环境污染责任保险。2015 年 9 月，中共中央、国务院发布的《生态文明体制改革总体方案》提出要在环境高风险领域建立环境污染强制责任保险制度。2015 年全国有包括 17 个省（自治区、直辖市）的近 4000 家企业投保环境污染责任保险。2007 年至 2015 年第三季度，全国已有近 30 个省（区、市）开展环境污染责任保险试点，投保环境污染责任保险的企业累计超过 4.5 万家次，保险公司提供的风险保障金累计超过 1000 亿元。

3."十三五"期间中国绿色金融的发展前景

中国的绿色信贷已经发展多年，形成了一套相对比较完整的政策指引和评价体系。未来几年，中国将以《生态文明体制改革总体方案》中有关绿色金融的内容为基础，努力构建更完善的绿色金融体系。目前，有关部门正在研究起草促进中国绿色金融发展的政策文件。以下讨论"十三五"期间中国发展绿色金融的若干主要领域和相关的支持政策措施。

（1）设立绿色发展基金

过去，中国绿色金融主要局限在绿色信贷。但是，很多绿色项目，尤其是新的绿色项目，首先需要的是股权融资，因为它需要有资本金才能进一步作债务融资。所以要通过建立一些绿色股权基金来推动绿色项目的股权融资。很多绿色项目是比较新的，从技术上来讲，民间觉得风险比较大，也面对着政策上的不确定性。由于这些不确定性，民间资金不太愿意投入到这些绿色项目。而政府背景的基金参与投资这些项目后，可以大大降低民间对于这类项目的风险嫌恶,使得民间资金愿意跟资。政府可以有多种方式来推动、组建绿色产业基金，比如以一般合伙人（GP）、有限合伙人（LP）的形式，有些可以搞成地区性的绿色基金，有些可以搞成行业性的绿色基金。未来，有必要在国家和地方层面建立各种绿色发展基金，支持环境改善和绿色产业的发展。中国还将鼓励有外资参与的中外合资绿色发展基金。

（2）用财政贴息支持发展绿色信贷

对绿色贷款贴息是用较小的财政资金撬动十几倍乃至几十倍社会资金的有效手段。近年来，中国在财政上陆续出台了数十项支持节能环保的政策，大部分为直接补贴类的措施。与直接补贴相比，贴息可以使财政以少量的贴息资金引导带动更多的社会资金投资环保领域。同时，贴息机制可将项目甄别选择的责任部分转移给更为专业的商业银行和其他经济主体，在一定程度上可减轻财政的管理和监督责任。

要健全财政对绿色贷款的贴息机制，可以考虑从如下几方面入手：第一是扩大财政贴息资金规模。第二，适当提高财政贴息率，取消3%的贴息上限限制。第三，试点由财政部门委托有较好绿色信贷业务表现的商业银行来管理绿色贷款贴息的制度。

中央银行再贷款也可能成为另一个支持绿色投资的政策工具。过去，人民银行通过提供低成本的再贷款，已经支持了银行业金融机构向三农和小微企业提供优惠利率的贷款。未来，类似的再贷款安排也可用于支持绿色信贷。为支持这项政策工具的有效使用，需要建立一套衡量银行绿色绩效的指标，以及对再贷款资金用途的监测和评估方法。

（3）建立绿色担保机制

专业化运行的绿色担保机制可以有效解决部分风险较高的绿色项目的融资贵问题。国际上，美国能源部对新能源项目的担保计划就通过有限的财政资金，撬动了大量信贷资金投入到清洁能源产业，成功地帮助核能、风能、光伏等清洁能源行业在美国实现了快速发展。中国的一些地方政府正在规划成立专业性的绿色贷款担保机构，也有些地区正在考虑由省、市、县多级出资建立绿色项目风险补偿基金，用于分担部分绿色项目的风险损失，来支持绿色担保机构的运作。

（4）发展绿色债券市场

发展绿色债券市场至少有几个方面的好处：一是绿色债券市场为绿色企业和项目开辟了新的融资渠道；二是解决银行和企业期限错配的问题；三是为责任投资者和长期投资者提供了新的资产类别；四是通过宣布为绿色项目筹资和加强信息披露，将对发行人产生可自我强化的承诺机制，使其投资行为变得更加绿色。

2015 年底，中国人民银行和中国金融学会绿色金融专业委员会同时发布了绿色金融债的公告和《绿色债券项目支持目录（2015 版）》，启动了中国绿色债券市场。2016 年以来，中国绿色债券发行量已经成为全球第一。业界估计，中国未来几年绿色债券的年均融资量可以达到约 3000 亿人民币。

未来，发展绿色债券市场的重点在于逐步统一国内对绿色债券的界定标准，规范第三方评估机构对绿债的认证质量，鼓励认证机构在债券发行后持续监督资金流向，并估算绿色项目的实际环境效益。同时，要加强绿色债券市场的国际合作，为国际投资者投资与中国绿色债券提供更加便利的条件。要进一步探索各种有助于降低绿色债券融资成本的激励机制。

（5）发展绿色股票指数

中国的主要股票指数的构成中，传统的高耗能高污染的重工业企业占很大比例，而许多基金和机构投资者做被动投资时（与股指构成一致的投资）自然将同样比例的资金投入污染性行业。建立和推广绿色股票指数（绿色企业占比较高的股票指数）是国际上通行的推动机构投资者提高绿色投资比重的做法。中国在建立和推广绿色、可持续指数与投资方面，还处于刚刚起步的阶段，影响力还十分有限。目前，在欧洲的交易所交易基金（ETF）产品中，约 20%已经是绿色的；而中国的 ETF 产品中，只有 1%左右是绿色的。

为加快中国绿色指数的开发和运用，建议进一步借鉴国际经验和方法（如碳足迹和自然资本负债等计算方法），推进绿色指数发展创新；要推动机构和零售投资者开展绿色指数的投资；鼓励资产管理机构开发更有针对性、更加多样化的绿色可持续投资产品。

（6）在环境高风险领域建立强制性的绿色保险制度

2013 年全国发生突发环境事件 712 起。很多环境事故的责任人都是中小企业，发生事故以后企业就倒闭了，因此没有人来支付环境修复的成本。受害者，一般是事故现场周围的居民，会强烈要求政府处理，从而使环境事故演变成地方财政压力和财政风险。为了解决这个问题，必须要建立绿色保险制度。发达国家的绿色保险大部分是自愿投保。这是因为，发达国家环境方面的法律法规比较健全，环境执法力度也比较强，许多企业和股东为了避免未来可能发生的环境法律责任，自愿到保险公司购买环境责任险。但在国内，这种自愿性环境责任保险的推广不是很顺利。未来应该用立法的形式，在环境高风险行业中（比如采矿、冶炼、皮革、危险品运输和仓储等行业）建立强制性的环境责任保险制度。建议适时推动更多的环境责任保险地方试点，在总结试点经验的基础上，制定或修订相关法律法规，为在全国范围内推广环境责任保险创造条件。

（7）强制要求上市公司和发债企业披露环境信息

只有提供了充分的企业环境信息，包括二氧化碳和各种污染物排放量的数据，投资者才能判断哪些企业是绿色的，哪些是污染型的，哪些是深绿的，哪些是浅绿的。换句话说，只有提供了环境信息，资本市场才能用脚投票，将更多的资金投入到绿色企业，减少对污染性企业的投资。

目前，国际上已有20多家证券交易所推出上市公司环境、社会及治理（ESG）信息披露要求或指引，至少有7家交易所已经强制要求上市公司披露环境信息。中国大陆的深交所、上交所在ESG信息披露方面颁布了相应的通知或指引文件，但对多数上市企业来说还是自愿披露为主，因此目前实际披露环境信息的上市公司只有20%左右。

未来，需要通过修订相关法律和规定，逐步建立强制性要求上市公司和发行债券的企业披露环境信息的制度。证券交易所要通过具体规定，明确披露的内容和模板，对关键信息，尤其是主要污染排放指标，要求定量、定期披露。在具体实施过程中，可以采取分阶段走的办法：在第一阶段，对环境高风险行业的企业和发行绿色债券企业采取强制性披露要求，对其他企业采用“不披露就解释”的半强制要求。在第二阶段（如三年之后），将强制性披露要求推广到全部上市公司和发债企业。

（8）发展碳交易和碳金融

去年，中国向世界承诺了到2030年左右二氧化碳排放达到峰值的目标，并宣布在2017年启动运行全国性的碳交易市场。这将是推动中国经济结构向低碳、绿色转型的一个十分重要的动力。发展碳交易和碳金融产品也将是中国绿色金融体系中的重要组成部分。

碳交易是一项“政府创造、市场运作”的制度安排，是解决温室气体排放等环境负外部性问题的重要手段。碳交易和在此基础上的碳金融市场至少可以发挥以下几方面的作用：1）价格发现功能，通过价格信号实现碳配额资源在空间上的优化配置；2）成本分担功能，即让高排放者向低排放者支付，事实上起到共同为减排买单的作用；3）为减排者提供融资的功能，即通过向有未来碳收益的企业提供融资来支持其发展；4）为碳市场参与者提供风险管理工具。

碳金融市场是基于碳资产和碳交易市场，由银行、证券、保险、基金等主流金融机构深度参与，引入碳期货、碳期权、碳基金、碳回购等碳金融产品，并形成规模化交易的制度安排和金融交易活动。碳金融市场也包括各类将未来碳收益作为支持或抵（质）押的贷款和通过债券和股票市场的融资。

(9) 鼓励金融机构开展环境压力测试

在绿色金融体系的整体发展下，银行开展环境压力测试有潜力成为推动未来绿色金融的一个重要的工具。在中国，工商银行已经率先通过压力测试开始探索环境风险对银行造成的风险。工行在几个行业领域做了环境风险对银行不良贷款率影响的分析，比如说火电、水泥、钢铁、化工等行业。这些行业的污染比较严重，但是其所面临环境风险还没有全部转化为信用风险。这是因为，未来会出台很多环境方面的政策、法规和新的市场机制。如果环境执法监管力度提高后，原本逃避缴费的企业就必须要对其污染物排放付费，从而使企业的生产成本上升。再假设几年后中国开征碳排放税，那么排放二氧化碳的企业成本会进一步上升。碳交易市场将在 2017 年正式启动，如果企业减排不力，就必须去市场上购买碳配额，也会产生更多开支。所以，很多污染型企业将会面临成本上升、收益下降的情况。对银行来说，这些企业的不良贷款率也会相应上升。如果通过压力测试可以估计出这些环境高风险行业的未来不良贷款率，由此得出环境风险和未来信用风险之间的定量关系，从而使银行能够重新审视自己的资产配置，激励其减少对污染行业的贷款，同时加大对绿色行业的资金投入。中国的监管层将鼓励银行和主要机构投资者（尤其是保险公司）探索研究环境风险分析的方法并推广应用。

在 G20 框架下推动全球绿色金融发展

2016 年中国担任 G20 主席国。2015 底，在中国的推动下，G20 将绿色金融列入了 2016 年财经渠道议题，并在三亚举行的 G20 财政和央行副手会议上正式批准了中国提出的成立 G20 绿色金融研究小组的建议。该研究小组由中国人民银行和英格兰央行担任共同主席，联合国环境署担任秘书处的工作。研究小组的参加者共 80 余人，包括 G20 所有成员委派的代表、若干特邀国家代表和六个国际组织的代表。根据研究小组 2016 年工作计划及 G20 财长与央行行长会议的要求，研究小组的任务是“识别阻碍绿色金融发展的体制和市场障碍，并根据相关的国际经验，就如何提升金融体系动员私人资本参与绿色投资的能力提出具体的选项”。

自 2016 年 1 月底以来，G20 绿色金融研究小组已经召开了四次会议，工作取得了重大进展。除了研究工作，研究小组还帮助组织了一些有关绿色金融的公开活动，与私人部门展开了广泛对话。同时与其他 G20 工作（研究）组和金融稳定理事会（FSB）的气候相关金融风险披露行动小组保持了密切沟通。

G20 绿色金融综合报告是 2016 年 G20 绿色金融研究小组最主要的成果。它体现了来自二十国集团成员的广泛共识，平衡了具有不同政策倾向和自然禀赋的各国观点。2016 年 7 月在成都召开的 G20 财长与央行行长会议讨论和通过了综合报告，并在公报中作了如下表述：

“我们认识到，为支持在环境可持续前提下的全球发展，有必要扩大绿色投融资。我们欢迎绿色金融研究小组提交的《G20 绿色金融综合报告》和由其倡议的自愿可选措施，以增强金融体系动员私人资本开展绿色投资的能力。具体来说，我们相信可通过以下努力来发展绿色金融：提供清晰的战略性政策信号与框架，推动绿色金融的自愿原则，扩大能力建设学习网络，支持本地绿色债券市场发展，开展国际合作以推动跨境绿色债券投资，鼓励并推动在环境与金融风险领域的知识共享，改善对绿色金融活动及其影响的评估方法。”

下文简要介绍中国在G20框架下推动绿色金融国际合作的动因，以及G20绿色金融综合报告的一些主要结论。

1. 为什么要推动绿色金融的国际合作

在发起绿色金融工作小组之前，中国就在多个场合表示，有必要通过包括G20等机制加强国际合作，推进绿色金融在全球的发展。理由至少有三。第一，绿色投资具有重要的跨国外部性。比如，一国在绿色投资方面的努力，可以降低污染和二氧化碳的排放，从而减少全球生态环境和应对气候变化所面临的压力，其受益者包括本国之外的其他国家。但由于这种外部性，就涉及一个潜在的“搭便车”的问题。如果没有有效的国际合作，“搭便车”可能会成为绿色投资不足的一个原因。相反，有效的国际合作可以提升各国共同推动绿色投资的动力。第二，对许多国家来说，绿色金融涉及比较新的理念和方法，因此国际经验的分享和传播以及相关的能力建设是推动其发展的关键之一。第三，通过绿色资金的跨国合作，可以提升全球绿色投资的水平和能力。比如，欧美国家有许多机构投资者具有绿色偏好，而新兴市场国家的绿色项目有巨大的融资需求。通过双边和多边的国际合作，为这些跨国投资提供便利条件，就可能使原来难以获得资金的绿色项目融得资金，同时也为国际投资者进行可持续投资提供新的“绿色”资产类别。

2. 绿色金融所面临的障碍

G20 绿色金融研究小组对银行绿色化、债券市场绿色化和机构投资者绿色化等议题进行了专题研究。绿色金融研究小组的专家估计，目前绿色金融（包括绿色信贷、绿色债券、其他绿色投资）占全球金融活动的比重还非常低。例如，根据一些国家对绿色信贷的本地定义，只有 5% ～ 10% 的贷款余额是绿色贷款；全球只有不到 1% 的债券是贴标的绿色债券。考虑到绿色发展的巨大资金需求，全球每年需投入几万亿美元，因此绿色金融的发展前景十分广阔。关键是要识别和克服绿色金融发展面临的挑战。

G20 绿色金融研究小组分析了绿色金融面临的五大障碍，包括：外部性、期限错配、信息不对称、绿色定义缺失和缺乏分析能力。下面简要描述这些障碍，以及金融体系为克服这些障碍而采取的一些措施。

（1）外部性

绿色金融面临的最大挑战是如何有效地内化环境外部性。这种外部性可以是绿色项目带来环境改善的正外部性，也可以是污染项目带来环境损害的负外部性。内化环境外部性的困难会导致“绿色”投资不足和“棕色”投资过度。

下面的三个例子，其中两个具有正外部性，另一个具有负外部性：

例①：清洁能源项目可能比传统能源项目的建设成本更高，若缺少激励措施，将导致项目回报过低，因此难以吸引私人投资。一些国家用补贴、税收抵免、电价补贴、碳交易和环境保护政策等来应对这些外部性，但在一些国家仍然尚未达到对清洁能源投资的足够激励。与此同时，有些国家已在金融领域推出包括增信和担保、优惠贷款、利率补贴和项目补贴等，以改善这些项目经风险调整后的回报率。

例②：污水处理或土壤修复项目可以改善社区生活质量和区域内物业的市场价值。但是，如果没有适当的机制将这些正外部性货币化，该项目就可能不会产生足够的收益，因此难以吸引私人资本。为解决这些问题，有些国家采用了政府与社会资本合作（PPP）的方式，比如在污水处理和土壤修复项目中引入房地产开发商。物业项目的超额回报（来自未来环境的改善）被用于补偿绿色项目投资。类似的商业模式已经用于部分国家和地区，如通过与地铁站附近住宅和商业地产捆绑，对地铁项目（清洁交通）进行补贴，而后者能够提高前者的市场价值。

例③：有些制造业企业会污染环境，但是它们的负面外部性没有被充分内部化。比如，如果区域内居民健康状况受到损害，却由于种种原因不能向污染企业索赔，就会纵容污染企业的过度投资和生产。这种情况在那些环境权益尚未被有效界定和环保政策执行能力较弱的国家尤其常见。近年来，通过金融措施来应对类似负面外部性的案例越来越多。比如银行业的“赤道原则”和许多证券交易所对上市公司提出的环境信息披露要求等，都在一定程度上抑制了污染性投资，从而达到了将部分环境外部性内生化的功能。

（2）期限错配

在不少国家，由于资本市场不发达，许多长期基础设施项目主要依靠银行贷款。而银行由于需要避免过度期限错配，因此难以提供足够的长期贷款。在全球几个主要市场，银行的平均贷款期限只有两年左右。这就导致了长期资金供给不足，使得长期项目面临融资难、融资贵的问题。在绿色项目中，许多是长期项目，包括污水和固废处理、清洁能源、清洁交通（如地铁和轻轨）等，因此也面临着期限错配所导致的融资约束。

在某些情况下，同一部门下的绿色项目比非绿色的传统项目往往更加依赖长期融资，因此期限错配的问题愈加严重。比如，建设一栋节能建筑的前期成本高于普通建筑；与火电站相比，建设太阳能或风能电站的前期资本支出占比更高。对于火电站，项目生命周期的全部成本中很大一部分是用于购买能源的开支，短期融资即可满足需求；而对于可持续性建筑、风能或太阳能项目，情况则不同。

金融部门创新可以帮助缓解由于期限错配带来的问题。这些方法包括发行绿色债券、通过设立绿色基础设施投资收益信托（YieldCo）进行融资，以及用未来绿色项目收入作为抵押取得贷款等。

（3）绿色定义的缺失

如果缺乏对绿色金融活动和产品的清晰定义，投资者、企业和银行就难以识别绿色投资的机会或标的。此外，缺少绿色定义还可能阻碍环境风险管理、企业沟通和政策设计。因此对绿色金融和产品的适当定义是发展绿色金融的前提条件之一。由于各国的国情和政策重点不同，目前难以达成对绿色金融活动的统一的定义。但是，若定义太多，比如每家金融机构推出一个自己的定义，交易对手之间没有“共同语言”，也会大大增加绿色投资的交易成本。

在中国、孟加拉国和巴西，已经在国家层面上推出了对绿色信贷的定义和指标；国际资本市场协会和中国金融学会绿色金融专业委员会也分别推出了对绿色债券的“国际定义”和“中国定义”。但是不少国家还没有采纳任何一种对绿色金融或对主要绿色资产类别的定义。

（4）信息不对称

许多投资者对投资绿色项目和资产有兴趣，但由于企业没有公布环境信息，从而增加了投资者对绿色资产的“搜索成本”，因此降低了绿色投资的吸引力。此外，即使可以获取企业或项目层面的环境信息，若没有持续的、可以信赖的绿色资产“贴标”，也会构成绿色投资发展的障碍。在一些国家，由于不同政府部门的数据管理较为分散（比如，环境保护部门收集的数据不与金融监管机构和投资者共享），也加剧了信息不对称。

解决信息不对称问题的努力已经取得了一定进展。比如，全球超过二十家证券交易所发布了上市公司环境信息披露要求，若干国家或证券交易所已经开始强制要求上市企业披露环境信息。

此外，还有一类重要的信息不对称，如投资者不完全掌握绿色科技是否在商业上可行的信息，以及绿色投资政策的不确定性。这类问题导致投资者在可再生能源、新能源汽车和节能科技等领域存在强烈的避险意识。

一些国家在绿色金融的实践中探索了多种解决上述问题的办法。这些办法包括政府支持的金融机构（如英国的绿色投资银行）或多边开发银行提供的绿色示范项目（可减少私营部门的避险倾向）、提供清晰的可持续发展政策导向（如马来西亚《国家绿色科技政策》和沙特阿拉伯《2030愿景》）、开发银行（如德国 KFW）担任绿色债券的基石投资者、由政府机构（如美国能源部）或开发性金融机构（如国际金融公司 IFC）提供绿色信用担保等。

（5）缺乏对环境风险的分析能力

金融机构对于环境因素可能导致的金融风险（包括对机构投资者所持有资产的估值风险和对银行贷款的信用风

险）已经开始关注，但其理解仍然处于初级阶段。许多银行和机构投资者由于分析能力不足，无法识别和量化环境因素可能产生的信用和市场风险，因而低估“棕色”资产的风险，同时高估绿色投资的风险。结果，污染性和温室气体排放较多的项目仍然获得了过多的投资，而绿色项目则面临投资不足的问题。对环境风险进行更加深入的分析，有助于更好地应对风险，更有效地将环境外部性进行内部化，进而有利于动员私人资本加大绿色投资。

近年来，部分金融机构和第三方机构已经开发了一些环境风险分析方法。典型的案例包括中国工商银行开发的环境因素对信贷风险的评估模型、《自然资本宣言》（Natural Capital Declaration）对干旱如何影响债券违约率的分析、英格兰银行对气候因素如何影响保险业的评估，以及评级公司（如穆迪）将环境因素纳入信用评级的做法等。

3. 发展绿色金融的可选措施

我们相信，如果能够有效地克服上述五大障碍，就能在全球范围推动绿色金融的较快发展。我们认识到，许多发展绿色金融的选项，包括发展绿色金融产品、风险分析工具和管理方法，将主要依靠金融机构的创新。不过，G20、各国政府以及国际组织也可以在强化知识共享和能力建设、提供更强的政策信号和完善绿色金融相关定义等方面起到积极的作用。在我们看来，这些努力将为全球发展绿色金融提供有利的环境。G20 绿色金融研究小组在总结各国经验和市场实践的基础上，提出了如下主要可选措施，为动员私人资本开展绿色投资创造有利环境：

第一，提供战略性政策信号与框架：在绿色投资战略框架方面，各国政府可向投资者提供更加清晰的环境和经济政策信号，包括如何具体实施联合国可持续发展目标和《巴黎协议》的设想。

第二，推广绿色金融自愿原则：各国政府、国际组织与私人部门可共同制定、完善和实施可持续银行业、负责任投资和其他绿色金融领域的自愿原则，并评估执行这些原则的进展。

第三，扩大能力建设学习网络：G20 与各国政府可推动扩大和强化包括 IFC 倡导的可持续银行网络（SBN）、联合国责任投资准则（PRI）在内的国际能力建设平台和相关国内机构的作用。这些扩展后的能力建设平台可以覆盖更多的国家和金融机构。

第四，支持本币绿色债券市场发展：对有兴趣发展本币绿色债券市场的国家，国际组织、开发银行和专业市场机构可在数据收集、知识共享与能力建设等方面给予支持。这些支持可包括与私人部门共同制定绿色债券指引和信息披露要求，以及培育绿色债券认证的能力。开发银行也可考虑通过担任基石投资者和进行示范发行来支持本币绿色债券市场的发展。

第五，开展国际合作，推动跨境绿色债券投资：政府和市场主体可通过双边合作来推动绿色债券跨境投资。在合作中，市场参与方可研究设计共同认可的绿色债券投资协议。

第六，推动环境与金融风险问题的交流：G20 和绿色金融研究小组可通过支持交流和对话，推动私人部门和研究机构探讨环境风险问题，包括金融领域如何开展环境风险分析及管理的各种方法等。

第七，完善对绿色金融活动及其影响的测度：基于 G20 和其他国家的经验，G20 和各国政府可推动研究绿色金融指标体系及相关定义，并分析绿色金融对经济和其他领域的影响。

作者：

马骏，现任中国人民银行研究局首席经济学家、中国金融学会绿色金融专业委员会主任。研究领域包括宏观经济、货币和金融政策、环境经济等。近年的著作和主持的研究包括《中国国家资产负债表研究》、《人民币走出国门之路》、《PM2.5 减排的经济政策》、《构建中国绿色金融体系》、《新货币政策框架下的利率传导机制》等。

后记

中国和世界的关系在过去一千年经历了汗牛充栋仍不足以描摹的曲折变迁。从经济学和经济史学的角度看，度量中国 GDP 在全球经济中的占比，是穿越千年化繁就简的最佳方案。麦迪逊（Angus Maddison）令人叹服的历史数据功夫为我们提供了这种可能，他和世界银行的研究显示，1820 年中国 GDP 总量占世界经济比重高达 32.9%，在 20 世纪 50 到 70 年代陡峭下行到不足 5% 后，又一路稳健上行，直到最近几年逐渐逼近 30%。

中国近来在世界经济中获得和这组数据相称的地位和尊重，事实上始于 2008—2009 年的金融危机。危机爆发近 10 年之后，人们才恍惚意识到，这场危机是一个长周期的结束，另一个长周期的开始。而在这一个刚刚展开的漫长周期中，无论结局如何，中国和世界的关系都将经历巨大的变化，危机后 10 年间中国和二十国集团（G20）的互动仅仅是一个令人印象深刻的开端。

全球化“新边界”

危机以来，随着全球经济一蹶不振，全球金融市场充斥各种“非常规”（unconventional），反建制（anti-establishment）、反精英（anti-elite）、反全球化（anti-globalization）思潮日益涌动，加之被新科技裹挟而来的人类沟通和传播方式的推波助澜，从欧洲到美国，以民粹主义（populism）为基本特征的类“特朗普现象”汹涌而来。从制造业到金融业，上一轮全球化催生的跨国公司（MNCs）由于全球配置资源和利润最大化模式走到了极限而收缩战线，加上民粹政策的推动，纷纷回归本国。

这一切的发生并非偶然，当全球化的制造、贸易、金融、科技消弭国界所向披靡，而非贸易品（non-tradable）部门和全球化的监管能力远未随之茁壮成长之时，一定时期的“过度全球化”必然导致逆向调整乃至“超调”，人类、国家和相关全球架构会在这个调整过程中逐渐找到“全球化”和“去全球化”的新边界。

与此同时，随着全球人口在发达国家和新兴市场及发展中国家出生率的此消彼长，由于拥有庞大国内市场和后发优势，危机后新兴市场和发展中经济体在全球经济版图中的分量剧增，已然超过半壁江山。新兴市场作为一个整体（block）的崛起，美国不愿也无力继续为“布雷顿森林体系”以来的国际秩序买单，宣告了一个全球秩序变迁的起点。

全球化需要新边界，全球需要新秩序。当这一切不期而降时，就不难理解为什么在2017年1月的瑞士冬季达沃斯论坛上，习近平主席温和绵厚、娓娓道来的演讲被西方主流世界感知为“历史性的时刻”——中国低调而坚定地接过了全球化和全球新秩序的“领导接力棒”，他们说。

我愿意将这一刻理解为“开始的结束”。

“中国时间”的议题设计

刚刚过去的2016年是中国的外交大年，而G20峰会更是其中的重中之重。2008—2009年的金融危机将G20打造成为协调全球经济事务的首要平台，2016年的主席国身份则为中国谋求与其国际责任相称的领导力创造了良机。

金融危机以来，我花了不少时间跟踪和思考全球发生的变化，以及中国和世界呈现出的新的关联模式。从伦敦峰会收获全球尊重到首尔峰会19:1的尴尬，中国在融入全球并发挥恰当领导力的过程中学习和历练，作为观察者和记录者，难免也心情起伏。中国接棒G20，2016年无疑成为令人兴奋的一年，我们显然应该做点什么，才不算虚度。

2015年3月24日，第一财经研究院在北京金融街威斯汀酒店策划举行了中国第一场关于G20主席国核心议题如何设计的公开研讨会。记得当时的听众对G20还比较陌生，对中国担任主席国的发挥空间也没有太大把握。当时发言嘉宾可都是国际舞台上的大家，他们对中国和G20在2016年寄予厚望，研讨会发出了中国主导G20核心议题的先声。

在研讨会上，中国人民银行分管G20的易纲副行长表示，G20平台均衡地代表了发达国家和发展中国家，中国的民间智库应当率先提出有分量的议题。时任国际货币基金组织副总裁的朱民博士认为，G20对中国而言是一个智慧的挑战，G20是世界的G20，中国当以世界的眼光来看G20。时任中国社科院副院长李扬提出，2016年议题应聚焦反危机、全球治理以及恢复增长。韩国前财长、G20总统顾问委员会主席司空一（Sakong Il）强调，G20是一个进程，而非一次性的活动。以色列央行原行长、摩根大通国际主席弗兰克（Jacob Frenkel）倡议G20建立秘书处，更多发挥IMF和世界银行等国际组织的作用。英国科学院主席斯特恩（Nicholas Stern）则提出，2016年G20需要讲述真实的中国故事。重建布雷顿森林体系创始人乌赞（ Marc Uzan）提出了创新概念，认为应聚焦全球治理、全球货币秩序和政策协调的创新。

应着易纲行长的倡议和朱民总裁的期许，我在2015年试图约请几位国际顶级学者为中国的G20议题框架设计总体方案，几位学者一听到我的建议都非常兴奋,然而反复思量后都婉拒了。中国融入世界的历程才刚刚开始，毕竟，对于西方人而言，“站在中国的靴子里”思考并不容易，更重要的是，中国的议题也只有中国人才能设计。

G20的议程推进在中国有几条线：统一议程和外交层面由外交部牵头和主导，财金渠道则由财政部和央行（中国人民银行）负责，几位分管的副部长（李保东、朱光耀、易纲）有Sherpa（协调人）的“官衔”。除了官方领域，商业领域还有B20，在中国由贸促会负责。此外，还有T（think tank）20、 W（women）20、 Y（youth）20等等。

2015年11月初，土耳其峰安塔利亚峰会即将揭幕，各方关于2016年中国议题的讨论多有进展。当时，我和中国社科院世经政所两位才华横溢的研究者田慧芳、徐奇渊商定，在各方讨论的基础上，合作写一篇《中国主办G20，议程如何设定》的文章。我们的第一稿将议程框架设定为四个分议题：增长（宏观政策协调、贸易、投资等）、金融稳定和全球治理（金融监管改革、全球金融安全网、发挥SDR更大作用等）、结构性改革（收入分配、提高全要素生产率等）以及气候和发展（后发展议程、能源、绿色金融等）四个议题；第二稿我们将结构性改革并入了增长议题。

11月16日，习近平主席在安塔利亚峰会期间宣布，2016年G20峰会主题确定为“构建创新、活力、联动、包容的世界经济”，也就是4个“I”: innovative、invigorated、interconnected、inclusive。我们三个当时笑称：土耳其的3个“I” 到了中国就成了4个“I”。在4个“I”的基础上，我们将议题框架做了微调，分别是：增长议题：创新和结构性改革；金融议题：金融稳定和全球治理；贸易和投资议题: 多边和互联；发展议题: 包容和平等。

我们的文章于11月19日正式发表。12月1日，中国接棒G20，这个全球经济决策和治理的最主要平台正式进入“中国时间”。

为了给G20让路，每年于9月举行的夏季达沃斯提前到2016年6月。外交部在夏季达沃斯专门组织了G20分论坛，我受主办方邀请主持这节重要讨论，嘉宾包括中国外交部副部长李保东、土耳其G20事务协调人斯尼尔利奥卢、中国社科院世经政所所长张宇燕和清华大学教授李稻葵。此时，G20的议题已确定。李保东副部长在会上阐释了中国议题的4个方向：创新增长方式，挖掘增长潜力；构建更高效的全球经济金融治理，为世界经济提供坚实保障；促进国际贸易和投资，重振世界经济活力；推动包容联动发展，落实2030年可持续发展议程——和我们在2015年提出的脉络和指向基本一致。

9x9的感谢

2016年4月底的一天，我在北京阳光100第一财经办公室接待了三位客人——外文出版社的胡开敏副总编辑、于瑛主任和熊冰頔编辑。那天我们是初次见面，但一见如故，相谈甚欢，主题只有一个：如何在9月G20杭州峰会上以一套宣传品来讲述“真实的中国故事”，回应国际社会对中国领导力的期许，阐释中国以全球视角为全球提供的解决方案。

我提出了一个思路：组织中国在经济、金融和外交政策领域最具发言权的作者来解读G20与中国的重要相关话题，这个想法得到了胡总编的热烈回应，我们一拍即合，约定由我来拟定6—8个话题，并负责选题阐释和约请撰写者，第一财经研究院和外文出版社双方定稿的中文版由外文出版社的专家翻译，以9种文字出版发行，并力争在G20的杭州领导人峰会上亮相。

关于组稿和撰写，我们商定了几个原则：首先，作者应是在经济、金融和外交政策领域的顶尖权威专家、政策制定者和亲历推进者；其次，话题当为时下与G20和中国相关最热话题；第三，内容须有高度与深度，立足于专业视角解读事实，兼顾理论框架和学术高度；第四，文风清新，通俗易懂，深入浅出；第五，兼顾中外读者。

熟悉出版和文字工作的朋友不难体会，达到以上每一个要求都殊为不易，更不用说五项兼具了。我和胡总编共勉，在时间的约束下尽最大的努力实现和“靠近”这些原则，出一套精品。

我们初步拟定了9个话题方向，包括：中国与G20、结构性改革、SDR和国际金融体系、绿色金融、贸易与投资、B20、“一带一路”、气候变化、亚投行。“中国与G20”定位为回顾、总览与展望，增长议题以结构性改革为重；全球金融治理演进以SDR和亚投行切入展开探讨；贸易和投资议题则以“一带一路”、B20为主要着眼点；绿色金融作为一个全新领域，正好可以作为发展议程的新颖角度，气候变化对于发展议程的重要性，自然不需赘言。

下一步就是作者邀约，这也是一套书成功的关键。

1. 中国与G20

《中国与G20》的理想作者一定来自外交部，而且亲历了2009年G7被G20取代的全过程。时任外交部副部长、G20中国首任Sherpa何亚非无疑是最合适的撰写者。何部长风格务实、敢言善辩，关键时刻勇于绕开烦琐程序寻找解决方案，我听他讲过在中国推动下、几个主要发达国家达成共识奠定G20基本框架的故事，令人唏嘘。虽已赴任侨办，何部长依旧心怀外交风云，我们去约稿时，他欣然应允。

2. 结构性改革

结构性改革（structural reform）是国际学术界的一个老话题，在国际政策辩论场合被讲了几十年，但从未像在2016年那样焕发青春，成为增长领域最重要的核心概念和政策工具。这一方面来自中国早先提出的“供给侧结构性改革”议程；另一方面也来自国际货币基金组织（IMF）发表于2015年10月和2016年2月的两篇文章推动的政策辩论 。在2016年G20核心议题的推进中，中国财政部自始至终力推结构性改革， 这也是作为经济学家的时任部长楼继伟多年来最关心的议题之一。

作为后话，在中国（财政部）的力推下，在OECD的技术支持下，2016年G20在领导人峰会上首次形成了结构性改革的框架性推进和评估体系，2017年G20主席国德国随后表示， 将继承结构性改革作为推动增长的最重要政策工具，结构性改革成为中国在国际经济政策平台上成功领导全球的重要案例。

楼部长当然是这个话题的最佳诠释者。我们按照官方程序打了一个正式报告，开始在财政部内部“走程序”。但彼时由于时间安排上的不方便，并未能促成。7月21日，我受邀主持新开发银行（NDB）成立后的首届年会，在晚宴上，我简要和楼部长介绍了这个书系， 并邀请他撰写结构性改革的话题。楼部长后来派人和我联系，发来一稿，题为《凝聚结构性改革共识 促进世界经济增长》，可惜由于时间关系， 未能赶上用于G20峰会现场的系列宣传品版本，好在还有这次修订出版的机会，没有辜负楼部长的付出。

和结构性改革相关的另一条主线是中国的“供给侧结构性改革”，这和中国早先提出的“中国经济新常态”息息相关。这个领域的权威经济学家（同时也是政策制定智囊）有几个，我颇为景仰的一位是中国社科院的蔡昉副院长。多年来，他宠辱不惊，承载了中国知识分子的学术原则和为人风骨，又能做到身段柔和、平易近人。他多年前提出的中国关于“刘易斯拐点”的研究，在一片繁荣的喧嚣中，开启了今天“新常态”和“结构性改革”研究的理论基础和思想先河。我采访过不少中国最好的经济学家，习惯于层层深入提问，不依不饶，蔡院长在每一层的回答中都能拿出新的数据、新的思路、新的框架，来化解和回应我的问题，令人信服和佩服。

蔡院长答应了我们的撰稿邀请，不久后发来了《中国经济新常态与供给侧结构性改革》的书稿。对于该系列书的学术水准，我有了足够的信心。

3. SDR 的故事

金融是我最喜欢的领域。关于 SDR 和绿色金融的两个专题，自然既要有专业高度，还要出彩。人民币加入 SDR，是国际金融史上里程碑式的事件，这不仅为全球货币金融体系和全球金融治理的改革提供了契机，更令中国宏观金融政策框架的构建成为可能。最是劳苦功高的中国人民银行行长周小川自然是最权威的撰写者，不过以他在职官员的身份，出书要慎之又慎。另一个合适的人选是时任 IMF 副总裁朱民，和小川行长来自中国的努力遥相呼应，朱民在 IMF 的全力推动也是功不可没。然而，以他彼时国际公务员的身份，站在中国立场上撰写 SDR 的相关题目未必妥当，他婉拒了我们的邀请。

赴 IMF 接替朱民担任副总裁的张涛是年轻一代的最佳人选。5 月 20 日，他被擢升为央行副行长，意味着其赴任已被各方认可。张行长是新一代国际型技术官员的代表，英语流利，专业和政策水平俱佳。他在即将赴任的忙碌日程中接受了我们的邀请，并带领两位年轻的研究者——中国社科院的胡志浩博士和中央财经大学的陶坤玉博士开始了撰写工作。令人感动的事情真是不少，张行长在远赴华盛顿上任的航班上还在修订稿件，而坤玉博士直到临产前还在工作，直到改清所有文字，把《国际货币体系改革与 SDR》的终稿发到大家的邮箱。

4. 绿色金融和全球治理

在 2016 年 9 月前，马骏没有预想到，在 G20 领导人峰会后，绿色金融成了“神一般”的专业存在，火得不能再火，身为中国人民银行研究局首席经济学家的他，同时也是中国金融学会绿色金融专业委员会主任，当仁不让承担了 G20 绿色金融议程的中方推动角色。由马骏来撰写《绿色金融》这一分册，再合适不过了。事实证明也是如此，由于是议程制定者，内容熟稔，他撰写的这一分册十分权威，在峰会后继续扮演了权威读本的角色。

和全球金融治理密切相关的还有另一个话题——亚投行。在让全球刮目相看的2015年，我碰到的所有外国朋友、在所有的国际会议上，大家都会提到这个AIIB。

从始至终倾注心血，创造奇迹的奠基人、首任行长金立群是撰写这个题目的不二人选。在我锲而不舍的多次邀请下，金行长温和地多次回复和解释，亚投行人手紧，工作负荷难以想象得重，“我怎么可能有时间来写书呢？”他反问我。

好在中国社科院的刘东民副研究员挑起了这个重担，撰写了《亚投行的愿景与治理》分册。他是这个领域的深入研究者，内容写得非常扎实。这里还是要感谢金立群行长，他安排同事阅读了初稿。

5. 贸易、投资与发展议程

贸易和投资，历来是G20的重大题目，也是重振全球增长的重要抓手。然而，这两个话题涉及面极广，撰写读本似乎无从下手。和贸促会的接触给了我灵感，何不从B20的角度来解读贸易和投资？

想到B20，跃入脑海的第一人即是2015年和2016年B20基础设施工作组联合主席傅成玉。曾掌舵“三桶油”中的两桶：中海油和中石化，傅总几乎可以说是中国石油工业的代名词。因了解中国石油工业的国际化进程，有着丰富国际合作经验的他退休后，又成了国际舞台上的“中国代言人”。我曾在华盛顿的G20会议期间主持中国话题的研讨会，傅总是嘉宾之一，在自由讨论阶段，观众席上来自几大洲的提问都提给了他，粉丝众多。

作为基础设施投资工作组主席，傅总来撰写《B20与基础设施投资》最合适不过。他的合作者是中国社科院的田慧芳副研究员。我认识慧芳多年，多次合作，彼此信赖。由于我在选题角度的沟通失误，慧芳的初稿几乎推倒重来，她没有丝毫抱怨，重新撰写，等于写了两册内容。高风亮节的是傅总，他坚持自己的署名放在慧芳后面，“年轻人该得到应有的激励”，他说。

《B20与全球贸易投资》，也是从B20角度来解读与全球贸易有关的投资，这里要感谢外文出版社的同事，他们策划选题，并邀请了2016年B20贸易投资组主席、中化集团董事长宁高宁撰写，还审定了稿件。

和往年G20有很大不同，2016年G20非常重视发展议程，气候变化在其中是不可或缺的重要内容。第一财经研究院的北京主任王韬博士是能源和气候变化领域年轻一代研究者中的佼佼者，他约请了这个领域的学术权威——清华大学低碳经济研究院的何建坤院长和滕飞副教授，一起合作完成了《全球气候治理的中国行动》。

6. 哀思与感谢

2016年6月18日，一则令人震惊的消息在各个圈子传开，外交学院原院长、前驻法大使吴建民在武汉因车祸去世。吴大使是第一财经的好朋友，每年的新年特刊，我们关于国际局势的开篇重磅文章一定是他执笔；我们每年年底举办的“第一财经年度金融书籍”品鉴会上，吴大使通常都是第一位主旨发言者，指点全球江山。多年来，他以顶尖公共外交学者的深厚专业水准、丰富和不可多得的外交历练、解读和辨析世界的高度智慧、真诚坦率刚正不阿的气度风骨、温文儒雅却充满力量的表达，代表和捍卫了中国公共外交乃至知识分子界理性、文明和开放的声音。中国痛失良臣，我陷入了深深的悲痛之中。

我们策划的关于“一带一路”的选题，从外交入手，吴大使是最为权威的阐释者。在收到我们的约稿邀请后不久，他就发来了题为《中国特色大国外交与“一带一路”》的书稿。而今，这篇书稿可能是吴大使最后的遗作了。

对于中国和世界而言，智者离去的损失是不可估量的。我们谨以此文的公开发表寄上悲恸、哀思和无限的惋惜。

尾声

2016年9月4日，G20领导人第十一次峰会在中国浙江省杭州市拉开帷幕，会议现场以中国视角解析G20与中国的出版物不多，而我们这套9主题、每个主题9种语言共81册的系列图书，成为峰会现场最抢手的出版物。现场的记者同事告诉我，9册图书的中文和英文版很快就被一抢而空，只留几种非通用语种的零星分册陈列于会场。两天的峰会取得了巨大成功，我们为做出的微不足道的贡献而欣喜于心。

9分册的形制设置是为了服务峰会，便携且能有针对性地找到最关心的主题。峰会过后，将这几个主题以及楼继伟部长的文章分别归类，重新修订出书，是我们对中国与G20在2016年这段非凡历史的总记录，也是对全球经济治理贡献中国主张、中国方案的一种努力。感谢胡开敏总编的智慧，他高屋建瓴地把书名拟定为《世界经济中国方案》，并将章节分为全球视野、治理范式、供给侧结构性改革和货币金融体系四大板块，体现了中国经济针对时下关切的积极回应。

特别要感谢对本系列图书付出最多心血的熊冰頔编辑，大家都唤她小熊。作为责任编辑，她是项目的总协调人和节奏把控人，要掐准时间节点保证稿件和其他所有条件到位；而9本分册、9种语言，其间的专业度把握、翻译的文字准确和文风把控，至少构成了81种复杂；加上我的急躁、作者落实的多变，让此系列书的责编工作变得极为艰辛。而小熊以她独特的耐心、坚持、变通、智慧，兼容了专业标准和各方诉求，殊为不易，令人佩服。

要感谢的人还有很多，外文出版社那些我未曾谋面的外文专家，他们以难以想象的细致和辛苦完成了本书的9种文字翻译；同样我未曾谋面的封面设计同事，他们将每册的相关关键词嵌入设计中的地图，创意和效果俱佳。第一财经研究院的林纯洁主任、马鑫、薛凯琳和邵玉容，也都贡献了智慧、付出了努力。

时间的页码翻到2017，如今已是“一带一路”和“金砖”的时间了。然而，“G20时间”依旧余音袅袅，中国所注入的独特力量将继续影响和左右全球的未来。

杨燕青

2017年2月